KB261300

그리스도인의 세상 보기

지은이　　조 석 민
초판발행　2011년 10월 25일

펴낸이　　배용하
책임편집　박민서
등록　　　제364-2008-000013호
펴낸곳　　**도서출판 대장간**
　　　　　　www.daejanggan.org
　　　　　　대전광역시 동구 삼성동 285-16
　　　　　　전화 (042) 673-7424 전송 (042) 623-1424
박은곳　　경원인쇄

ISBN　　　978-89-7071-226-0

값 9,000원

그리스도인의 세상 보기

조 석 민

차 례

참고 서적

그래스루트
세상보기

들어가는 글

그리스도인이 이 세상 속에서 하나님의 백성답게 살아간다는 것이 결코 쉽지 않은 시대임을 절감한다. 이 시대에 그리스도인으로 살아간다는 것은 역사에 책임을 느끼고 자유, 평등, 인애를 위해 행동하는 양심으로, 어두운 시대 속에서도 소망을 갖고 앞으로 나아가는 것이다. 이런 점에서 현재의 올바른 역사 인식은 그리스도인에게 행동의 출발점이 될 수 있다. 더욱이 그리스도인의 삶은 교회 공동체 안에서만 드러나는 것이 아니라, 우리의 사회 현실 속에서, 보다 구체적으로 각 개인의 삶의 현장 속에서 나타난다. 그리스도인이 세상의 소금과 빛이라는 예수 그리스도의 말씀은 그리스도인이 세상과 격리되어 존재할 수 없음을 분명히 암시한다. 그리스도인이 마지막까지 사회의 양심으로 존재하고, 교회가 윤리 도덕의 마지막 기준으로 제시될 때 우리 사회는 현재 보다 밝은 미래를 예측할 수 있을 것이다. 이런 사명을 감당하려면 교회는 더 이상 중세의 수도원이 되어서는 안 되며, 그리스도인은 속세를 떠나 도道를 닦으러 산 속으로 들어가는 도인처럼 되려고 해서는 안 된다.

이 책에 실린 대부분의 글들은 필자가 이 글을 쓸 당시 우리의 시대 상황을 반영하고 있으며, 현재 우리 사회에서 벌어지는 여러 가지 일들을 그리스도인으로서 어떻게 이해하고 행동해야 할까를 고민한 흔적이다. 이런 글을 쓰게 된 동기는 세상과 교회는 구별될 수 있지만 결코 분리되어 있지 않으며, 분리할 수도 없고, 싫든 좋든 서로 영향을 주고받으며 살아갈 수밖에 없다는 생각 때문이다. 이런 현실 속에서 하나님의 살아있는 계시의 말씀인 신구약성서가 올바르게 해석되어 그것이 우리의 현실적인 삶에 적용되지 않는다면 성서는 죽은 문자에 불과할 것이다. 그리스도인이 신학과 교리만 알고 신구약성서를 모른다면, 비록 신구약성서는 알지만 세상을 이해하지 못한다면, 신구약성서와 세상은 서로 평행선을 달리는 기차 선로와 같이, 존재하지만 전혀 관계없는, 평행선 그 자체일 뿐이다. 그리스도인들이 성서를 이해하고 그 말씀의 렌즈로 세상을 들여다보며 판단할 수 있을 때, 이 세상에서 어떻게 살아가야 할지 알 수 있을 것이다. 다시 말해서, 그리스도인들이 성서를 이해하고 알고 있지만 그 말씀으로 일상에서 벌어지는 세상의 일들을 바라보며 생각하고 판단하지 못한다면 성서의 말씀은 우리의 삶과 아무런 관련이 없는 종교적 경전일 뿐이다.

이 글들은 그 동안 필자가 소속되어 있는 대한예수교장로회 총회(합신)의 교단 신문인「개혁신보」에 "신학단상"이라는 제목아래 연재한 글과 하나님이 주인이신 바른 교회, 깨끗하고 투명하고 건강한 교회를 지향하는 바른교회아카데미(이사장: 정주채목사, 원장: 김동호목사)에서 매월 발행되는「Goodchurch

Report」에 기고한 것, 그리고 「뉴스앤조이」News & Joy에 기고한 글들 가운데 골라 모은 것이다. 이 책에 실린 글들이 모두 비슷한 내용이지만 독자의 편의와 글의 성격을 고려하여 다섯 꼭지로 묶었다. 첫째는 '교회의 사명과 그리스도인', 둘째는 '경제와 윤리 도덕의 기준', 셋째, '역사 인식과 그리스도인의 사고', 넷째, '한국 민주주의와 정치를 바라보는 그리스도인', 다섯째, '보다 나은 사회를 꿈꾸며' 이다. 이 짧은 글들을 통해서 오늘을 살아가는 그리스도인들이 세상의 소금과 빛의 사명을 감당하려고 내딛는 발걸음에 작은 디딤돌이 되기를 소망한다.

마지막으로 이 책이 편집되어 세상에 빛을 보기까지 현재의 어려운 출판 현실 속에서도 기꺼이 출판을 결정해 주신 도서출판 대장간의 배용하 대표님께 진심으로 감사드린다. 아울러 이 책의 실제적인 편집과 교정, 출판을 위해 수고해 주신 책임 편집자이신 박민서님께도 고마움을 전한다. 매번 글을 쓸 때 마다 독자로서 읽어주고 조언과 격려를 아끼지 않은 사랑하는 아내에게 감사와 사랑을 전한다.

고양동에서

조석민

1부 교회의 사명과 그리스도인

그리스도인의
세상보기

입술과 삶의 신앙 고백

거의 대부분의 교회에서 매주일 예배 시간이면 예배에 참석한 모든 성도들이 '사도 신경'으로 자신의 신앙을 고백하는 순서를 갖는다. 그리스도인으로서 자신이 믿는 하나님 아버지와 예수 그리스도를 삶의 주인으로 고백하며, 우리의 구원을 이루어 가시며 삶 가운데 역사하시는 성령님을 입술로 시인하는 것은 매우 중요하며 꼭 필요한 것이다. 믿음의 공동체인 교회에서 성도들이 이런 신앙 고백을 통해서 예수 그리스도 안에서 하나 됨을 늘 확인하고 서로 격려하며 자신의 믿음을 점검하는 것이다. 이런 점에서 공적 예배의 순서 가운데 행해지는 신앙 고백은 눈을 감고 드리는 기도가 아니기에 일반적으로 기도하는 모습과는 다르게 표현될 수 있다면 더 좋을 것이다. 다시 말해서 신앙 고백 시간에 서로 얼굴을 쳐다보며 함께 입술로 '사도 신경'을 고백할 때, 서로가 믿음을 격려하며, 입술로 고백한 것을 다시 확인하고 다짐하는 시간이 될 수 있기 때문이다.

바울은 로마서 10장 9-10절에서 "네가 만일 예수를 주로 시인하며 또 하나님께서 죽은 자 가운데서 살리신 것을 네 마음에 믿으면 구원을 얻으리니 사람이 마음으로 믿어 의에 이르고 입으로 시인하여 구원에 이르느니라"라고 교훈한다. 우리 모두가 잘 알고 있는 것은 신앙 고백이 입술의 고백으로만 끝나서는 안 된다는 분명한 사실이다. 우리의 신앙 고백은 입술로 고백할 뿐 아니라, 삶으로 고백 되어져야 한다. 개인의 신앙 고백이 입술에서 뿐만 아니라 삶으로 고백 되어질 때 온전한 신앙의 고백이 될 수 있기 때문이다. 개인의 신앙 고백은 자신이 믿고 있는 하나님이 어떤 분이신지를 입술로 시인하며 고백하고, 자신이 믿고 고백한 그대로 살아가는 사람임을 드러내는 것이다. 이런 고백 속에는 자신이 죄로 말미암아 죽어 마땅한 죄인이지만, 예수 그리스도로 말미암아 죄를 용서받고 구원받았음을 고백하는 것이다. 그러므로 이제는 삶의 주인이 내가 아니라 예수 그리스도임을 고백하며 그 주인의 뜻대로 살아가는 것이 그리스도인들의 삶이다.

개인의 신앙 고백은 공적 예배를 통해서 함께 공동체적으로 고백되어져야 한다. 예배를 통해서 드러나는 개인의 신앙 고백은 한 주간의 삶이 바탕이 되어져서 나타날 때 비로소 참된 고백이 될 수 있다. 한 주간 동안의 삶을 예배드리는 자의 모습으로 살지 않았으면서, 주일 예배 시간에 참석하여 '사도신경'을 입술로 암송하는 것은 면죄부를 받는 행위처럼 보일 수 있기 때문이며, 가식적인 행위가 될 수 있기 때문이다. 한 주간 동안의 삶이 어찌되었든지 주일에 예배당에 나와서 예배를 드리는 행위는 어쩌면 하나님께 귀하게 보일 수 있을지 모르겠지만, 사실은 외식하는 바리새인들의 모습일 수 있다는 사실을 기억할 필요가 있다. 한 주간 동안의 삶 속에서 내가 믿고 있는 하나님께 신앙을 고백한 그대로 살아가면서 몸부림칠 때, 우리의 삶은 조금씩 하나님의 성품을 닮아 거룩한 모습으로 변화되어가는 것이다. 우리의 입술만의 고백이 아니라, 삶으로 드리는 고백은 곧 그 고백의 장소가 우리의 가정이며, 일터이고, 내가 사역하는 현장이다.

　　　　　　이런 점에서 신앙 고백은 곧 윤리 고백이라고 말할 수 있다. 이것은 신앙 고백이 단순히 입술로 고백되어지는 정도가 아니라, 실천적으로 삶 속에서 나타나는 것, 입술로 말한 그대로 살아가는 것을 의미한다. 어떤 사람이 입술로 고백한 것과 시인한 것이 그 사람의 삶과 전혀 다를 때, 우리는 그 고백이 거짓이라고 말한다. 만일 우리의 신앙 고백이 삶 속에서 전혀 나타나지 않는다면, 우리는 자신을 속이며, 하나님을 기만하고 다른 사람들을 속이는 것이다. 하나님을 믿고 예수 그리스도로 말미암아 구원을 받았다고 믿음으로 고백하는 사람들 가운데, 그 신앙 고백이 전혀 삶으로 나타나지 않는 사람들이 이 나라의 정치, 경제, 사회, 문화계, 의료계, 학계 및 심지어 종교계 속에서 활개를 치고 있는 것을 보면서 입술의 신앙 고백이 윤리 도덕적 삶의 고백이 되어져함을 뼈저리게 느낀다. 우리가 있는 곳에서, 우리가 하는 일 속에서, 삶으로 실천하며 다른 사람들에게 보이는 삶의 고백이 우리들의 신앙 고백이기를 소망한다. 이런 삶의 고백을 기초로 주일마다 공적 예배 속에서 우리의 믿음을 '사도 신경'을 통하여 입술로 고백할 때, 서로 얼굴을 쳐다보며 눈짓으로 격려하고 위로할 수 있기를 바란다.

보물과 우상숭배의 심리

2008년 2월 10일 오후 발생한 화재로 숭례문이 불타서 사라지는 모습을 보았을 때, 모두가 충격을 받았고 마음 아프지 않은 사람이 하나도 없었으리라. 그동안 국가 보물 1호인 숭례문 곁을 늘 지나치던 사람들이 유독 불타버린 그 흔적에 관심을 갖는 이유가 무엇일까? 놀랍고 신기한 것은 숭례문이 불탄 자리 앞에서 눈물 흘리며 절하는 사람들도 있었고, 어떤 사람은 제사상을 차리듯 상을 차려놓고 절을 하고 있는 모습도 있었다. 사람들의 마음에 국가 보물 1호인 숭례문이 그토록 애틋하게 자리 잡고 있었던 것일까? 만일 이런 이유가 아니라면 그동안 모르고 지내다가 보물이 불타 없어지니까 마음이 섭섭해서 일까? 한 가지 분명한 것은 숭례문이 불타 없어진 사건으로 대한민국 국민들 가운데 무의적으로 존재하는 무속적 종교 심성이 단적으로 드러난 것이다. 사람들 가운데 숭례문이 불탄 것을 이 나라에 앞으로 있을 어떤 좋지 않은 징조로 이해하려는 심리는 곧 무속신앙의 모습이다. 이런 무속적 종교 심성은 그리스도인들 가운데서도 발견된다. 특히 무속적 종교 심성이 기독교 안에서 물질적이고 현세적인 복과 연결되면, 하나님의 축복이란 옷으로 갈아입고 나타나며, 사람들은 그 옷을 한번 입어보려고 안달한다.

예수께서는 마태복음 6장 19-21절에서

"너희를 위하여 보물을 땅에 쌓아 두지 말라 거기는 좀과 동록이 해하며 도둑이 구멍을 뚫고 도둑질하느니라. 오직 너희를 위하여 보물을 하늘에 쌓아 두라 거기는 좀이나 동록이 해하지 못하며 도둑이 구멍을 뚫지도 못하느니라. 네 보물 있는 그 곳에는 네 마음도 있느니라"고 하셨다. 우리의 보물 1호는 무엇일까? 그 보물이 우리의 무속적 종교 심성과 어떤 관련은 없는 것일까? 예수께서 말씀하신 것처럼 보물은 일반적으로 사람들의 마음을 사로잡고, 결국 우상으로 자리 잡을 가능성이 많다. 특히 그 보물이 기독교 신앙과 접목되었을 때, 우상숭배의 심리는 봄에 새순이 돋듯이 자연스럽게 나타날 수 있다. 그 보물이 내 가족, 내 교회, 내 직장, 내 나라, 등등 나와 관련이 되었을 때, 더욱 기승을 부리며 살아나서 잠자고 있는 우리의 우상숭배 심리를 조장한다. 이런 무속적 종교 심리를 이용하지 말아야 한다는 사실을 알고 있는 교회의 담임목사들은 순수한 마음일지라도 기독교의 복과 연관시켜서 한 마디라도 거들지 않아야 한다. 왜냐하면, 순진한 교회의 성도들은 담임목사의 말에 거의 전적으로 순종하여 사리를 분별하지 못하고, 아무도 가르쳐 주지 않았어도 본래 가지고 있었던 무속적 신앙의 한 모습으로 돌아가기 때문이다.

오늘날 횡행하는 '우리 교회 신드롬'은 우리의 보물 1호로 자리매김하는 것 같아서 마음이 아프다. 교회는 하나님의 교회이며, 그리스도의 교회이지, 어떤 한 개인의 교회일 수 없듯이 한 공동체의 재산 목록이 될 수 없다. 우리는 신앙의 편협한 모습을 보이는 '우리 교회 신드롬'이 자칫 우상숭배에 이르지 않도록 늘 조심해야 한다. 물론 내 교회를 사랑하여 헌신하며 봉사하는 것을 누가 탓하랴 만은 지극히 개인주의적인 발상으로 자기 교회만을 자신의 보물 1호로 생각하는 성도들은 예수 그리스도를 머리로 하는 우주적 교회의 모습을 잊어버리고, 집단이기주의에 빠질 위험이 있다. 내가 사랑하는 '우리 교회'도 하늘의 하나님께 바쳐질 때 교회는 이기적 모습을 버리고 온전히 주님 앞에 설 수 있을 것이다. 우리의 보물이 우상숭배의 대상이 되지 않도록 부단하게 저항의 몸부림을 치지 않으면 불탄 숭례문 앞에서 보여준 어리석은 몸짓을 교회 안에서 다시 보게 될지도 모른다.

절망 속의 소망

새해를 시작하면서 누구나 작은 소망을 갖는 것은 인지상정人之常情이다. 더욱이 소망의 빛이 전혀 보이지 않는 절망의 상황에서 소망을 말하는 것은 쉽지 않지만, 누구에게나 어두움 속에서 한 줄기 빛을 기대하는 애타는 심정이 있기 때문에 긍정적으로 미래를 내다보려는 것이다. 한 해 동안 너무도 앞이 꽉 막힌 절벽과 같은 정치 경제 및 사회적 상황을 많이 만났지만 그 때마다 그 절벽은 도약의 발판과 계단이 되어 우리의 사고를 발전시켰고 새로운 가능성을 내다보게 했다. 비록 아직까지 많이 달라진 것은 없어 보이지만 어려운 상황 속에서 사물을 바라보며 생각하는 사고의 변화가 있는 것은 너무도 분명하다. 한 가지 긍정적인 점은 절망 속에서 시간이 멈추어버릴 것 같고 거꾸로 가는 시계처럼 느껴졌지만 그래도 소망은 놀라운 생명력을 지닌 채 바람 앞에서도 꺼지지 않는 촛불처럼 아직까지 살아 있다는 사실이다.

새해의 한국 경제 상황에 대한 부정적인 통계 수치는 우리를 우울하게 만든다. 한국 사회 및 경제가 부정적이며 불투명한 것은 사실이지만 모두 절망적인 것만은 아니고, 긍정적인 모습도 감지되어서 그나마 다행이다. 그렇지만 조심해야 할 것은 현실의 상황을 직시하며 적절히 대처해 나가지 못하고 낙관론에 빠져서 현실을 똑바로 보지 못하게 만드는 어리석음의 장애물들이다. 아무 근거 없는 무지갯빛 소망을 입술로만 말하는 것은 사람들로 하여금 더 큰 절망의 구렁텅이로 빠지게 할 수 있다. 사람들로 하여금 현실을 분명히 인식할 수 있도록 도와주며 예상되는 어려움을 미리 예측하여 준비하도록 하는 것이 현명한 일이다. 소망이 현실 속에 이루어지려면 어떤 예기치 못한 부분에서 고통스러운 대가를 지불해야 할 수도 있다. 그러나 소망을 위하여 치루는 대가가 설득력을 잃어버리면 사람들은 더욱 큰 절망의 공황장애恐慌障碍, panic disorder를 맞이할 수 있음을 명심해야 한다.

2009년 기독교윤리실천운동이 '한국 교회의 사회적 신뢰도' 조사를 발표했는데, 그 결과는 대한민국 국민 18.4%만이 '한국 교회를 신뢰한다' 고 응답한 것이다. 이번 조사에서 발표된 '한국 교회의 사회적 신뢰도' 는 한국 교회의 신용에 대한 절망적 공개 선언과도 같다. 이것은 한국 교회에 대하여 절망적 상황을 예견하는 한 단면이다. 한국 사회가 경제적 위기 속에서 절망의 바다 가운데 허우적거리고 있다면, 한국 교회는 그 보다 더 심각한 신뢰도의 위기 속에서 국민들에게 신용불량자 취급을 받으며 절망의 벼랑에 서게 된 것이다. 세계 경제 및 한국 경제가 위기를 맞이하게 된 원인은 스스로 뿌린 욕심이라는 악의 열매를 거둔 결과이듯이, 한국 교회의 신용 불량 판정은 교회가 더 이상 예수 그리스도께서 세우신 교회 본래 모습을 잃어버리고 사회의 이익 단체처럼 행동한 결과라고 할 수 있다. 한국 교회가 절망적인 상황 속에 있는 것이 사실이지만 이런 조사를 통해서 스스로의 모습을 다시 확인하고 하나님께 돌아선다면 절망은 한 줄기 소망의 빛으로 바뀔 수 있을 것이다. 절망적 상황을 바꾸는 것은 결코 쉽지 않지만, 지속적으로 노력하면 긍정적 결과는 귀한 열매로 돌아올 것이다. 한국 교회가 신뢰를 받기 위해서 개선해야 할 점에 대해서 42%의 사람들은 '교인과 교회 지도자들의 언행일치'라고 대답했다. 결국 신실한 실천적 행동은 없고 말만 무성한 한국 교회 및 지도자의 모습과 그리스도인들의 언행 불일치의 삶에 식상했다는 것이다.

절망 속에서 소망을 노래하는 한국 교회의 모습이 사람들의 삶에 성실한 실천으로 나타나 보인다면, 그리고 모든 그리스도인이 말보다 진실 된 행동이 먼저 이루어진다면, 어두움 가운데 헤매는 사람들도 빛으로 인도할 수 있을 것이다. 요한복음 1:1-18에 언급된 것처럼 어두운 세상 가운데 빛으로 오신 예수 그리스도께서 평화를 선언하시며 하나님의 은혜를 선포하고, 한 걸음씩 그 평화를 이루기 위하여 십자가의 죽음을 마다하지 않고 걸어가신 모습처럼 우리 그리스도인들이 살아간다면 절망 속에서도 소망을 말할 수 있을 것이다. 그렇지만 이런 변화를 가져오는 것은 결코 쉽지 않다는 사실을 예수의 성육신에서 알 수 있다. 예수께서 세상에 생명의 빛으로 오셨지만 세상은 그를 알지 못하였고, 자기 땅에 왔지만 자기 백성이 영접하지 않았다. 요1:4, 9-10

절망 속에서 소망을 노래하기 전에 먼저 상황을 잘 파악하도록 정보를 투명하고 정직하게 공개하며, 소망이 현실이 되도록 어떤 대가를 치러야 하는지 인식시키는 것이 필요하다. 금년 한 해 동안 한국 사회의 어두운 경제적 전망 속에서도 소망을 노래할 수 있으며, 불신의 늪에 빠진 한국 교회도 소망을 갖고 앞으로 헤엄쳐 나아갈 수 있다. 그렇지만, 이런 소망의 실현을 위하여 필요한 조건은 정확한 현실 인식이며, 겸손한 자기 비평적 실천적 태도임을 명심해야 한다. 절망 가운데 빠져 있는 사람들에게 구체적인 대안과 유효적절한 처방을 제시하지 못하면서 입술로 만든 소망의 포장지로 현실을 덮어 두려한다면 언젠가 그 포장지가 찢겨지는 날 더 큰 불행의 폭탄이 폭발하고 말 것이다. 절망 속에서 소망을 바라보며 이 새해에 새로운 힘을 모아보려는 사람들에게 한국 교회가 소망의 등불로 높이 비춰지기를 기대한다.

교회의 문화적 사명

교회의 본질과 관련하여 그 사명을 생각할 때 교회로서 수행해야 하는 일은 여러 가지를 제시할 수 있지만, 그 가운데 교회의 문화적 사명을 빼놓을 수 없을 것이다. 왜냐하면, 믿음의 공동체로서 교회의 구성원인 그리스도인들은 자신을 둘러싸고 있는 문화로부터 벗어날 수 없는 존재이며, 직간접적으로 자신이 속한 문화의 영향을 받고 있기 때문이다. 우리를 둘러싸고 있는 문화의 껍질은 양파와 같아서 그 껍질은 끝까지 벗겨내도 그 알맹이를 찾아낼 수 없다. 문화는 가치관, 행동 양식 등의 차이에 따라, 또한 다양한 관점을 가진 이론에 따라 여러 가지 정의가 가능하지만, 일반적으로 한 사회의 주요한 행동 양식이나 상징 구조를 의미한다. 이런 점에서 문화는 예절, 의상, 언어, 종교, 의례, 법, 도덕 등의 규범, 가치관과 같은 것들을 포괄하는 사회 전반의 생활양식이라고 할 수 있다.

문화의 일반적 정의와 관련하여 기독교 문화는 기독교 세계관 또는 가치관, 행동 양식 등에서 비롯된 사회 전반의 생활양식으로 정의할 수 있다. 이것은 음악, 미술, 문학, 연극, 영화와 같은 예술 분야에서 두드러지게 나타나며, 사회 전반의 기술, 예술, 관습, 양식 등 보다 광범위한 부분에서 나타난다. 이런 점에서 교회의 문화적 사명이란 현대의 문화 속에 기독교 세계관과 가치관,

행동 양식을 구체적으로 실천하여 사회 전반의 생활양식 속에 드러나게 하는 것을 의미한다. 다시 말하면, 교회의 문화적 사명은 세상 속에 살아가는 그리스도인의 존재 양식, 즉 현실적 삶에 대한 문제와 깊은 관련이 있는 것이다. 그래서 교회의 문화적 사명은 교회 성장이란 주제보다 오히려 더 시급한 문제이다. 교회가 물량적 성장 이론에 빠져서 허우적거리고 있을 때 교회의 본질과 사명은 물거품처럼 사라져 버리고, 교회의 문화적 사명은 함께 사라져 버릴 것이기 때문이다.

기독교와 문화라는 주제와 관련하여 리처드 니버Richard Niebuhr는 1952년에『그리스도와 문화』Christ and Culture를 출판했다. 그는 이 책에서 기독교와 문화의 관계에 대하여, "문화와 대립하는 그리스도", "문화에 속한 그리스도", "문화 위에 있는 그리스도", "문화와 역설적 관계에 있는 그리스도", 그리고 "문화의 변혁자인 그리스도"라는 다섯 가지 유형을 제시했다. 니버는 그리스도인들이 역사 속에서 사회적 책무를 포기하지 않으면서 어떻게 기독교 신앙의 통전성을 유지할 수 있는지에 대하여 고민한 것이다. 이런 고민은 기독교 안에서 계속되었고, 유진 나이다Eugene Nida는 자신의 세 권의 책, 『제도와 문화』Customs and Cultures, 1968, 『메시지와 선교』Message and Mission, 1960, 『문화와 마주친 종교』Religion Across Cultures, 1968에서 이 주제를 대중에게 소개했다. 이 주제는 1974년 스위스 로잔Lausanne에서 모인 세계 복음주의 대회에서 보다 구체화 되었다. 르네 빠딜라R. Padilla는 이 로잔 대회에서 선교사들의 사역에 대하여 언급하면서 몇몇 선교사들은 '순수한 복음' the authentic Gospel을 전하는 사람들이기보다는 '기독교 문화' a culture Christianity를 수출하는 사람들이라는 극단적 표현을 사용하기도 했다.

기독교와 문화라는 주제는 이후에 존 스토트J.R.W. Stott와 로버트 쿠트R. Coote가 편집한 『지상으로 내려와서』*Down to Earth: Studies in Christianity and Culture*, 1980에서 17명의 기고자에 의하여 활발하게 개진되었다. 최근까지 이 주제는 끊임없이 논의 되고 있는데, 그만큼 교회의 문화적 사명이 복음증거와 더불어 중요한 주제임을 보여주는 것이다. 최근에 출판된 크레이그 카터Craig Carter의 『그리스도와 문화의 재고』*Rethinking Christ and Culture: A Post-Christendom Perspective*, 2006와 카슨D.A. Carson의 『교회와 문화, 그 위태로운 관계』*Christ and Culture Revisited*, 2008는 현대를 살아가는 그리스도인들이 문화에 어떻게 삶으로 반응해야 하는지를 생각하게 한다. 두 저자는 기본적으로 니버의 문화에 대한 다섯 가지 유형론을 비판하면서 새로운 대안을 찾으려는 노력을 보여 준다. 그리스도인들이 세상에 속한 존재는 아니지만, 세상 속에서 다른 사람들과 함께 살아가도록 부름 받은 사람들로서 오늘의 문화와 어떤 관계를 맺어야 할지 심각하게 고민해야 한다. 믿음의 공동체로서 교회는 이 주제와 관련하여 어느 정도 대안을 제시해야 할 사명이 있다. 하나님의 말씀 아래서 정직하게 살고자 하는 믿음의 공동체로서 교회와 그리스도인들은 이 시대의 지배적인 문화 가치들과 상대하여 보다 나은 가치로 인정받을 만한 기독교 문화를 창출해야 할 시대적 사명이 있는 것이다.

그리스도께서 죽은 자 가운데서 살아나셔서 교회의 머리가 되실 뿐 아니라, 세상의 구속자가 되셨다는 사실을 인식하지 못하고 한쪽으로 치우친 삶의 양식을 보인다면 복음의 놀라운 영향력을 축소시키는 결과를 가져올 것이다. 이런 점에서 기독교 세계관 또는 가치관을 가지고 책임 있는 삶을 살아가고자 하는 모든 교회와 그리스도인들은 바른 기독교 문화관을 정립하며, 이 시대의 문화를 기독교적 가치로 변혁시켜 나갈 수 있어야 한다. 종교 다원주의 시대 속에서 그리스도 예수에 대한 배타적 신앙을 포괄적 삶으로 표현하려는 오늘의 그리스도인들에게 문화적 사명은 결코 무시할 수 없는 매우 중요하며 시급한 과제이다. 선교 초기에 한국 교회는 전통 문화에 적극적으로 대항하며, 새로운 문화 창출을 위하여 노력했다. 때로는 문화에 대하여 적극적인 태도가 부정적인 결과를 낳기도 했지만, 많은 경우에 긍정적인 요소로 작용하여 많은 개종자들을 얻게 된 것이다. 특히 한국교회는 선교 초창기에 여러 가지 문화 활동, 예를 들면 교육 문화 활동, 의료 활동, 사회 구제 활동 등에 적극 참여했을 뿐 아니라, 국가가 존립 위기에 처했을 때에는 적극적으로 현실 정치에 참여하여 실천적 의지를 행동으로 표출하기도 했다.

현재 한국 교회는 1970, 80년대 이후 교회 성장에만 전력투구하는 것처럼 보인다. 교회와 그 속에 속한 그리스도인들이 기독교 문화에 대한 시대적 사명을 고려하지 않고, 자기 몸만 살찌우려는 모습 속에 복음의 능력은 그 힘을 잃어버리고 사람들에게 손가락질 받게 되었다. 한국 교회의 선교 역사를 생각하면 이제는 기독교 문화가 어느 정도 가시적인 모습으로 드러나며, 그 결과가 구체적으로 나타나야 할 것이지만 현재 그런 모습은 찾아보기 힘들다. 교회의 문화적 사명은 복음 증거와 함께 이 시대의 매우 중요한 과제로 모든 교회는 교회 성장에 치중할 것이 아니라, 이 사명을 실천적으로 각 분야에서 감당하여 복음의 능력을 보여 주어야 한다. 한국 교회의 문화적 사명은 선택 사항이 아니라 필수 항목으로 모든 교회가 이제는 성경에 기초한 삶의 양식을 만들어가며, 기독교 세계관 또는 가치관이 사회생활 전반에 드러나도록 설교하고 교육해야 할 것이다. 교회와 모든 그리스도인들은 우리 사회의 모든 분야에서 성경적 가치관이 구체적으로 적용될 수 있도록 실천적 삶과 행동을 보여주어야 한다. 교회가 구원의 우물로서 생수를 공급하여 세상의 모든 사람들을 살리는 역할을 감당하지 못하고 그 우물 안에 갇혀 있다면 그곳은 곧 교회의 무덤이 될 수 있기 때문이다.

예배당 크기의 우상

한국 교회가 언제부터 대규모의 거대한 예배당으로 탈바꿈하기 시작했는지, 어느 교회가 가장 먼저 이런 시도를 하였는지 분명히 말하기는 어렵다. 아마도 여의도 순복음 교회가 예배당을 완공했을 때 그 규모가 이미 달라지기 시작한 시발점이 되었다고 생각한다. 하지만 예배당의 크기가 무슨 문제냐고 말할 수 있다. 큰 교회는 큰 대로 작은 교회는 작은 대로 하나님이 적절하게 사용하시기 때문일 것이다. 하지만, 한국 교회가 점점 예배당 크기의 우상이라는 늪에 빠져들어 가는 느낌을 떨쳐버릴 수 없다. 한국 교회의 거대한 예배당 건축을 보면서 연상되는 것은 창세기 11장에 기록된 바벨탑 사건과 하나님께서 이스라엘 왕이었던 사울을 버리고 다윗에게 기름 부어 왕 삼으신 사건이다.왕상16:1-13 하나님의 명령을 받은 사무엘이 이스라엘 왕으로 기름 부을 자를 확인할 때 겉모습만 보고 결정하려고 했다는 사실은 오늘날 한국 교회가 예배당 크기에 목숨을 거는 것과 비슷한 사건으로 보이기 때문이다. 이제 한국 교회는 더 이상 다윗이 사용한 작은 조약돌을 믿지 않고 눈앞에 보이는 골리앗의 실상만 의식하고 따라가는 것 같다.

2009년 4월에 이계선 목사의 『대형교회가 망해야 한국교회가 산다』라는 책이 출판되었다. 이 책의 저자는 고희古稀를 바라보는 나이지만 한국 교회를 아끼고 사랑하기에 자신의 다양한 목회 경험을 토대로 대형교회를 향한 독설을 내뿜고 있다. 하지만, 이런 책이 출판되든 말든 아랑곳 하지 않고 한국의 대형 교회들은 자기들의 갈 길을 재촉하고 있는 것 같다. 그 한 예로 2009년 8월에 명성교회가 2011년 완공 목표로 예배당 건축을 위하여 시공 회사인 서희 건설과 497억 원 규모의 예배당 신축공사 계약을 체결했다. 예배당 건축의 필요성에 대하여 이 교회는 20년 전 건축한 현재의 예배당 공간이 부족하기 때문이라고 설명한다. 하지만 이 정도에서 멈추지 않는다. 분당의 할렐루야 교회는 새 예배당 건축에 12년 동안 총공사비 644억 원이 들었다는 소식이다. 이 예배당은 최근 경기도가 주관한 '제11회 경기도 건축문화대상'에서 대상을 차지하므로 경기도에서 가장 아름다운 건축물로 선정되었다. 예전에는 도저히 상상할 수 없는 금액이 예배당 건축비로 책정되고 있는 한국 교회의 현실이다.

2009년 9월에 출판된 신광은 목사의 『메가처치 논박』은 교회의 크기에 문제를 제기한 책이다. 그는 현대교회의 가장 큰 죄악이 메가처치Mega-Church 현상이라고 질타한다. 저자는 한국 교회의 문제를 정확히 진단하려면, 그리고 참된 교회 개혁을 실천하려면 한국 교회에 만연되어 있는 메가처치 현상을 다루지 않고서는 불가능하다고 생각한다. 하지만, 이런 논의는 한국 교회에서 여전히 문제가 되지 않는 것처럼 보인다. 최근에 사랑의 교회가 서초동에 2,100억 원의 예산을 들여 새 예배당을 건축한다고 발표하였기 때문이다. 새 예배당의 필요성에 대하여 이 교회는 여러 가지 이유를 제시했다. 아마도 사랑의 교회가 새 예배당 건축을 완공하여 사용하기까지 들어가는 제반 비용을 모두 합산하면 지금 발표된 예산보다는 훨씬 많은 액수가 소요될 것이 분명해 보인다. 나중에 들어갈 제반 비용은 계산하지 않더라도 새 예배당 건축에 들어가는 비용은 그야말로 예배당 건축 예산 금액으로 세계 최대 규모가 되어 기네스북에 올라갈 정도이다.

한국 사회는 이미 저출산 고령화 사회로 들어가고 있다는 것을 아무도 부인하지 않는다. 현재 정부는 저출산 대책을 위하여 실효성이 의심스러운 여러 가지 정책을 쏟아내고 있다. 분명한 것은 한국 사회의 인구가 점점 줄어들고 있다는 사실이다. 하지만, 믿기 어려울 정도로 교회는 계속 거대한 예배당 신축 공사판을 벌리고 있는 실정을 어떻게 이해해야 할까? 이런 사회적 상황에도 교회만은 예외적으로 젊은 부부들이 어린 아이들을 많이 낳아서 성도들의 숫자가 계속 늘어날 것을 믿고 있기에 거대한 새 예배당을 미리 준비하는 것인가? 이제는 교회도 자신의 지역 사회에서 저출산 고령화 사회에 대한 선교 전략을 세워야 할 때가 아닌가? 크기에 열광하는 한국 교회의 모습은 교회의 본질을 외면하고 교회다움을 저버린 모습이다. 대형 교회는 생리적으로 살아있는 교회의 양심이 되기 어렵고, 예언자적 정의를 외치기 힘들다.

경제학자인 슈마허E.F. Schumacher는 서구 세계의 경제구조를 혁명적으로 파헤쳐서 고찰한 책 『작은 것이 아름답다』*Small Is Beautiful*를 1973년에 출판했다. 이 책에서 저자는 현대 경제의 이윤과 성장의 추구가 거대한 조직과 전문화를 가속화시켜 결과적으로 거대 경제 체제의 비능률과 환경오염, 그리고 노동 조건의 비인간화를 낳았다고 비판하였다. 비록 서구 세계의 경제구조를 논하는 책이지만 한국의 대형 교회를 생각할 때 동일한 문제점인 비능률, 비인간화, 환경오염의 문제를 피하기는 어려울 것 같다. 이런 문제들이 추상적인 것이라면 거대한 새 예배당을 지은 교회들의 실제적인 문제는 성도들의 헌금이 건축을 위하여 금융권에서 빌린 대출금 이자를 지불하는데 사용되고 있다는 것이다. 그 한 예로 목동의 제자교회는 2009년 지출 예산 가운데 금융기관 대출이자 지출만 18억 원이 책정되었다. 이것은 성도들의 헌금에서 매월 지출되는 이자만 일억 오천만원이란 의미이다. 한국의 교회들이 크고 작은 예배당을 건축하기 위하여 금융기관에서 빌린 대출금의 이자를 갚기 위하여 매월 지불되는 비용을 모두 합하면 분명히 상상을 초월하는 엄청난 금액이 나올 것이다. 이런 상황에서 교회 개혁의 의미가 무엇인지 곰곰이 생각해 보지 않을 수 없다.

교회여, 성서를 가르치라!

한국 교회 교육의 현실은 학교 교육과 비교해 볼 때 질적, 양적으로 비교할 수 없을 만큼 열세이다. 한국 교회 초창기에 교회가 교육의 중요성을 깨닫고, 학교를 세우며 교육에 헌신하여 올바른 인재를 양성했던 역사는 오늘날 전설 같은 이야기가 되고 말았다. 한국 교회 초창기에 유, 초등학생들과 중, 고등학생들은 성서를 암기하도록 교육받았고, 매 주일과 일정한 기간 동안에 성서를 집중적으로 배웠다. 청장년들에게는 정기적으로 또는 계절적으로 성서를 집중 교육하는 기간이 있었다. 물론 교육의 내용은 오늘날과 비교해 보면 단순히 성서를 문자적으로 이해시키며, 구원의 교리를 가르치고, 성서의 표면적인 내용, 예를 들면, 아브라함의 아내는 사라, 모세라는 이름의 뜻은 물에서 건져냈다는 것, 여호와 닛시는 여호와는 나의 깃발, 등을 숙지하도록 하는 것이 교육의 대부분이었다. 이와 함께 교회에서 가르친 것은 교회의 문화와 풍습으로 술과 담배를 금지시키거나, 자식이 없어도 후처를 얻는 것이 잘못된 것임을 가르치는 것, 등이었다.

하지만, 교회 교육은 단순히 성서를 표면적으로 가르치거나 교회의 문화와 풍습을 습득하게 하는 정도에서 멈추어서는 안 된다. 이런 점에서 교회 교육은 분명한 교육 철학과 목표가 있어야 한다. 교회 교육의 철학과 목표는 여러 가지를 말할 수 있겠지만 그 무엇보다도 그리스도인들에게 이 세상에서 하나님의 백성으로 어떻게 살아갈 것인가를 성서를 통하여 가르치는 것이다. 교회 교육의 대상은 분명히 그리스도인들로 그들에게 먼저 예수가 누구이며, 자신들이 어떻게 그리스도인이 되었는지 가르치며, 하나님의 백성이란 무엇을 의미하는지 알게 해야 한다. 한국 교회가 그리스도인들에게 예수가 누구신지, 어떻게 그리스도인이 되었는지 가르치는 교육을 게을리 하지 않은 것은 사실이다. 하지만, 구원 받은 하나님의 백성으로서 어떻게 이 세상에서 살아가야 하는지에 대해서는 올바로 교육하지 못한 것도 사실이다. 왜냐하면, 기독교인들이 세상에서 살아가는 방식이 일반 사람들과 별다른 차이가 없어 보이기 때문이다. 예를 들면, 세상 사람들이 편리한 삶을 추구하고, 부유해지는 것을 목표로 하며, 여러 가지 복을 소망하는 것과 기독교인들이 세상에서 추구하고 바라는 것 사이에 큰 차이가 없어 보인다.

세상 사람들과 기독교인들 사이에 삶의 차이를 만들어 내는 것은 무엇인가? 그것은 삶의 철학, 세계관, 또는 가치관이라고도 말할 수 있다. 기독교인들에게 삶의 철학, 세계관, 또는 가치관을 형성하게 하는 것은 성서의 가르침이다. 기독교인들의 삶의 철학은 그 바탕이 성서의 가르침에 있고, 기독교인들의 세계관은 성서가 가르치는 세계관이다. 모든 사물의 가치가 성서에서 교훈하고 있는 가치 체계에 따라 형성된다고 믿는 사람들이 기독교인들이기에 이런 사람들에게 성서는 곧 삶의 원리이며 근본이다. 그러므로 성서를 배우고 이해하지 않고서는 삶의 철학, 세계관 또는 가치관의 형성이란 불가능하다. 성서를 배우고 가르치되 성서의 표면적인 단순

정보뿐만 아니라, 그 사상 및 삶의 원리를 배우고 가르쳐야 한다. 하지만, 한국 교회를 돌아보며 교회가 진정으로 이런 교육에 얼마나 힘썼는지 질문할 때 정직한 답변은 부정적이다. 그 동안 한국 교회가 교육에 힘쓰던 초창기 시절을 지나오면서 교회 성장에만 힘을 기울인 것이 사실이기 때문이다. 교회 성장이란 말이 성도를 올바로 가르쳐서 성숙한 성도가 되게 하고, 모든 성도들이 영적으로 성장하여 세상에서 올바른 삶을 살아가게 하는 것이지만, 그 의미가 변질되어 단순히 교인들의 숫자를 늘리고 예배당을 크게 짓는 것으로 이해하면서 기독교인들은 올바른 성서 교육에서 멀어져간 것이다.

이런 현실 속에서 성도들은 성서에서 가르치는 기독교 세계관에 대한 올바른 이해 없이 자신이 갖고 있었던 기존 세계관 및 삶의 철학 속에서 세상을 살아가며 몇 가지 교회가 가르친 규칙을 지키는 것으로 기독교인의 정체성을 이해한 것이다. 성서에 대한 올바른 교육이 없기에 하나님께서 친히 보여주신 정의正義, justice, righteousness와 인애仁愛, a kind love, 그리고 공평公平, fairness, impartiality의 가치와 사상을 배우지 못한 것이다. 복음에 대한 이해도 성서가 가르치는 것이기보다는 세상에서 물질을 많이 소유하여 부유함을 누리고 잘 사는 것으로 대체되었고, 이런 물질적인 복을 받기 위하여 목표를 설정하고 추구하는 삶이 그리스도인의 삶으로 이해하게 된 것이다. 더욱이 그리스도인들 가운데 자신과 자기 가족만은 죄 많은 이 세상에서 구원 받고 천국을 확보하는 것으로 만족하고 사는 것을 지상 목표로 생각하며 살아가기도 한다. 세상이 어떻게 변하고, 무슨 일이 일어날 지라도 그런 일들은 나와 상관이 없고 오직 교회에 출석하여 예배를 드리고, 기도하며, 헌금을 드리고, 교회에서 봉사와 헌신을 하며 살아가는 것, 그리고 마지막 날에 구원 얻는 것으로 만족하는 삶이 그리스도인의 삶의 전부라고 이해하며 살아가기도 한다.

교회가 이런 사람들에게 올바른 성서 교육을 하지 않는다면 무속신앙에서 복을 추구하는 기복신앙인을 만들어 낼 것이며, 이런 경우 기독교인들의 삶은 성서에 바탕을 둔 삶의 철학이나 세계관, 또는 가치관을 드러내지 못하게 된다. 예를 들면, 이런 사람들에게 기도는 무속 신앙인들이 복을 구하는 정도에서 이해될 것이며, 지성이면 감천이라는 이해가 기도 속에 편만하게 될 것이다. 왜냐하면 우리 민족은 기독교가 한국에 전파되기 전에 무속신앙 및 한국의 토속 종교의 영향 속에서 기도를 터득한 사람들이기 때문이다. 이런 점에서 성서의 가르침을 통하여 기도가 하나님과의 사귐이라는 것을 올바로 가르치지 않으면 성도들이 기도를 올바로 이해할 수 없을 것이다. 김영봉 목사는 『사귐의 기도』에서 기도에 대한 성서적 가르침의 부재가 기도에 대한 기복 신앙적 행태를 가져왔다고 주장한다. 이제는 성서 교육에 있어서 단순히 성서를 읽고, 쓰고, 암기하는 초보적인 수준에서 벗어나 그 사상을 가르치고, 기독교인으로서 삶의 철학과 세계관을 가르쳐야 한다.

교회가 성서 교육에 집중하지 않고 자신의 외형적이며 수량적인 크기에만 급급할 때 기독교인의 신앙은 성서의 가르침에서 벗어나 복음이 아닌 이상한 내용을 따라가게 될 것이다. 그 한 가지 실례를 이원규 교수의 『힘내라 한국교회』에서 찾아 볼 수 있다. 이 교수는 자신의 책에서 많은 한국 기독교인들이 환생을 믿고 있다는 충격적인 내용을 전해주고 있는데, 한국 개신교 신자의 21.5%, 가톨릭 신자의 39.7%가 환생을 믿고 있다는 보고이다. 환생에 대한 믿음은 성서의 가르침이 아니라 힌두교-불교의 전통에서 유래한 윤회설에 근거한 것이다. 성서의 가르침은 환생이 아니라 몸의 부활을 가르치고 있는데, 많은 기독교인이 환생을 믿고 있다는 사실은 교회가 성도들에게 성서의 가장 중요한 가르침 가운데 하나인 예수 그리스도의 부활과 신자의 부활을 올바로 가르치지 않았다는 증거이다. 교회는 성서 교육을 통하여 삶의 철학인 기독교 세계관을 가르치고, 그 사상 속에서 삶을 살아가도록 양육해야 할 것이다. 성서의 가르침을 통하여 교회의 성장이 성도들의 신앙적 성숙을 의미한다는 사실을 가르치며, 이 세상에서 그리스도인으로 어떻게 살아갈 것인가를 올바로 인식하고 살아가도록 교육해야 한국 교회의 미래에 소망이 있을 것이다.

가족의 의미

5월은 어린 자녀를 둔 대부분의 부모들이 자기 자녀들을 생각해서 시간을 내어, 그들과 함께 즐거운 추억을 만들어 주려고 노력하는 달이다. 연로하신 부모님이 멀리 떨어져 사시는 경우 자녀들은 그동안 자주 찾아뵙지 못한 부모님을 찾아가 뵙고 안부를 물으며 효(孝)를 조금이라도 실천하려고 노력한다. 대부분의 교회들은 5월에 어린이 주일과 어버이 주일이라는 이름으로 하나님께 감사의 예배를 드리며, 어린 자녀들을 생각하고, 연로하신 부모님의 은혜에 정성껏 감사의 표시를 한다. 이런 점에서 5월은 가족을 생각하며 보내는 가정의 달이라고 말할 수 있다. 1년 중 이 한 달 만이라도 가족의 의미를 한번쯤 되새겨보며 하나님 앞에서 삶의 지혜를 구하며 살아가는 것은 매우 유익하고 필요한 일이다.

오늘날처럼 핵가족화 되어 가는 시대에 가족의 의미가 자칫 이기적인 모습으로 변질되어 가는 것은 아닌지 걱정스러워질 때가 많다. 가정의 모든 일이 잘되고 평안할 때 가족의 모습과 그 의미는 그렇게 크게 다가오지 않을 수 있다. 그러나 가족 중 한 사람이라도 병이 들어 병원에 입원해야 할 경우가 되거나, 어떤 어려움에 직면하여 도움의 손길이 필요할 때면 비로소 가족의 의미가 새롭게 느껴지게 된다. 아마도 이런 경우들을 만났을 때 비로소 핵가족이 다 좋은 것은 아니라는 것을 조금은 알게 될 것이다. 가족이라는 이름 아래 자기들만의 울타리를 쌓아 놓고 그림처럼 살다가 그 그림에 가족의 어려움이라는 먹물이 튀면 가족이라는 이름으로 쌓아 놓은 담벼락이 순간 암담한 절벽이 되는 것을 실감하게 될 것이다.

현대 사회에서 가족이 없으면 도움의 손길이 필요한 경우 실제로 암담할 때가 많다. 이런 경우에는 오히려 예전의 대가족 제도가 큰 힘이 될 것이다. 부부가 어린 자녀들과 부모님을 모시고 살 때 어려움도 있겠지만, 온 가족이 오히려 삶의 지혜를 서로 배우고, 어려움과 기쁨을 함께 나누는 활력소가 될 수도 있다. 그렇지만, 오늘날 이런 모습을 아파트의 숲 속에서 비둘기가 제 집을 드나드는 것처럼 살아가는 도시의 가정 속에서 찾아보기란 어려운 상황이다. 어쩌면 이제 더는 사회적 여건과 형편이 우리의 옛 대가족 제도라는 삶을 허락하지 않는 것처럼 보인다. 젊은 부부들뿐만 아니라, 자녀들을 모두 결혼 시킨 부부들도 결혼한 자녀들과 함께 살기 보다는 부부끼리만 살아가는 것을 더 선호하는 것처럼 보이기 때문이다. 나이가 든 부부일지라도 몸이 건강해서 생활하는데 아무런 어려움이 없을 때 구태여 자녀들과 함께 살려고 하지 않기 때문이다.

대가족 제도의 해체라는 급격하게 달라져 가는 새로운 환경 속에 살아가는 현대인들에게 교회와 그리스도인들의 역할이 절실히 요구된다. 그 역할은 각기 다른 가정을 이루며 서로 다른 집에서 살아가지만 한 가족처럼 그리스도 안에서 새로운 가족으로 살아가는 것을 의미한다. 이미 교회 안에는 가족이 없이 홀로 살아가는 노인 인구들이 적지 않고, 젊은이들이 부모와 멀리 떨어져서 혼자 살아가며 신앙생활을 하는 경우도 적지 않기 때문이다. 이런 사람들은 가족의 의미를 생각할 환경도 여유도 없이 홀로 살아갈 뿐이다. 이런 사람들에게 믿음의 가족이 되어주어 기쁨과 어려움을 함께 나누며 도움의 손길이 필요할 때 손을 내밀어 도와주고 위로와 격려를 하며 함께 살아가는 것은 현대 그리스도인들에게 매우 중요한 역할이 될 것이다. 피를 나눈 형제나 자매로서의 가족은 아니지만 오히려 그 이상으로 한 가족처럼 살아갈 수 있을 것이기 때문이다.

예수께서 말씀하시기를 "누구든지 하늘에 계신 내 아버지의 뜻대로 하는 자가 내 형제요 자매요 어머니이니라"마12:20고 말씀하셨다. 예수 그리스도를 믿음으로 한 분 하나님 아버지를 모시고 살아가는 그리스도인들에게 믿음의 형제와 자매는 새로운 차원의 가족 관계를 형성해 주고 있다. 교회 안에서 예수 그리스도를 믿는 믿음을 신앙으로 고백하며 같은 기독교 사상과 철학을 가지고 살아가는 믿음의 사람들은 한 가족이다. 야고보는 "하나님 아버지 앞에서 정결하고 더러움이 없는 경건은 곧 고아와 과부를 그 환난 중에 돌보고 또 자기를 지켜 세속에 물들지 아니하는 것"약1:27이라고 했다. 모든 그리스도인들이 5월을 맞이하면서 가족의 의미를 되새겨보며, 외롭고 어렵게 살아가는 이웃을 가족처럼 살펴서 얼어붙은 그들의 가슴과 마음을 따뜻하게 녹여줄 수 있기를 기대한다.

바른 교회를 위한 목회 철학

바른 교회를 세우기 위한 목회자의 철학은 필요한 것일까? 목회 철학이 없이 목회하는 사람은 없다. 목회자의 올바른 철학은 바른 교회를 세우기 위한 가장 중요한 요소 가운데 하나라고 말할 수 있다. 목회자의 올바른 목회 철학이 없을 때 교회는 유행의 물결을 따라 표류하게 되기 때문이다. 이런 점에서 바른 교회를 위하여 목회자에게 건전한 목회 철학이 요구된다. 일반적으로 철학이라 함은 다른 말로 쉽게 표현하여 세계관이라 할 수 있다. 세계관은 세계를 바라보는 관점, 사고, 기준 등을 가리키는 말이다. 이런 점에서 '목회 철학'은 목회를 바라보는 관점, 사고, 기준 등을 의미한다.

목회 철학은 종종 목회 방침과 혼동되어 사용되어질 때가 많다. 하지만, 목회 철학과 방침은 같은 점이 있으면서도 근본적으로 다르다고 말할 수 있다. 목회 방침이라고 말할 때는 목회자와 교회의 현실적 형편과 상황이 많이 고려되어진다. 그 중에서도 목회자 자신의 소신과 계획 등이 맞물려서 나타나는 경우가 많다. 이런 목회 방침이 목회 철학을 바탕으로 했다면, 그 목회 방침은 바로 목회 철학이 될 수도 있다.

목회 철학은 교회 안에서 객관적으로 이

해되어질 수 있어야 하고, 올바른 신학적 기반 위에 정립되어져야 한다. 뿐만 아니라, 교회 안에서 실제적으로 실천 가능성의 폭이 넓어 교회의 다양한 상황에 적절히 적용될 수 있어야 한다. 한 교회 목회자의 목회 방침이 객관성을 갖고 있는지, 올바른 신학적 기반 위에 세워졌는지, 그리고 실천 가능성의 폭이 얼마나 되는지는 올바른 목회 철학을 가늠하는 기준이 될 수 있을 것이다.

오늘날 한국교회는 새로운 교회성장 운동의 온실처럼 보일 때가 많다. 수많은 교회 성장운동과 관련된 여러 가지 형태의 세미나 및 특강 등이 시대의 조류를 따라 흘러가는 유행의 물결처럼 한국교회를 지나갔고, 지금도 지나가고 있기 때문이다. 최근에 문제가 되고 있는 알파코스Alpha Course와 신사도교회 운동New Apostolic Church Movement 등이 단적인 사례이다. 특히 북미 대륙에서 일어난 교회성장 운동들이 아무런 신학적 여과 과정 없이 한국교회에 그대로 직수입되고 있다. 이런 현상이 한국교회에서 일어나는 원인은 목회자의 건전한 목회 철학이 없기 때문이라고 생각된다.

건전한 목회 철학을 위하여 올바른 신학 교육이 필요하다. 하지만, 이제는 한국교회 목회자들도 올바른 정규 교육과 훈련을 어느 정도 받을 만큼 받았다고 생각된다. 물론 교육이 얼마나 효과적으로 전달되고 습득되었는지는 알 수 없다. 그렇지만 한국교회 신학은 교회를 위하여 지금까지 헌신했음을 아무도 부인하지 못할 것이다. 신학이 연구실이나 강의실에 머물러 있거나, 신학 자체만을 위한 신학이라면, 즉 학문으로서의 신학 활동만이라면 실제 상황이 없는 공허한 이론과 논리, 사변의 잔치가 될 수 있다는 것을 교회를 올바로 세워가려는 많은 신학자들은 분명히 인식하고 있다.

　　　　　　　현재 한국교회의 새로운 교회성장 운동
현상이 신학 교육이나 강의실에서 가르치는 신학 자체에 문제가 있는
것이 아니라면, 가장 근본적인 원인은 교회 성장에 대한 지나친 집착
과 기대라고 할 수 있을 것이다. 목회자들이 신학을 배웠지만 교회 성
장을 지상 최대의 과제로 생각하고 한번 빠지면 헤쳐 나올 수 없는 늪
을 뛰어넘지 못하고 있기 때문이다. 교회 성장이 목회의 성공 여부를
판단하는 기준 잣대가 되어가는 현실 속에서 흔들리지 않을 사람은
많지 않을 것이다. 이것이 일차적으로 목회자의 철학을 바꾸어 버리
는 원인이 되어 정상 궤도를 이탈하는 단초가 된다. 더욱이 오늘날 신
자유주의 경제 철학이 모든 부분을 압도하는 현실에서 교회가 걸어가
야 할 바른 길을 잃어버리는 것은 어쩌면 지극히 자연스러운 현상일
지도 모른다. 그렇지만, 건전한 신학 교육을 통해서 훈련 받은 목회자
라면 교회 성장만이 지상 최대의 과제가 아니라는 것쯤은 알고 있어
야 한다.

　　　　　　　결국 한국교회의 교회성장 운동과 관련된
여러 가지 유행의 조류 속에서 목회자들이 허덕이고 있는 현실은 올
바른 목회 철학이 없기 때문이라고 말할 수 있다. 목회자들이 교회 성
장에 집착하는 이유는 아무리 그럴듯한 변명을 늘어놓아도 근본적으
로 그들이 갖고 있는 철학이 다르기 때문이다. 그 철학은 신자유주의
에 물든 성장 지상주의이다. 이 세상이 현재 신자유주의 경제 철학 구
조 속에 돌아가고 있기 때문이다. 쉽게 말해서, 세상은 돈이 모든 것
을 결정하고, 돈을 가진 사람들이 힘을 쓰는 구조가 되고 말았다.

　　　　　　　현실 사회 속에서 경제력은 실제적인 힘
을 과시할 수 있게 되었다. 이런 모습은 교회에서 조차 쉽게 발견된

다. 교회가 성장하여 교인수가 많아지면 그것을 바탕으로 힘을 과시할 수 있고 교회는 성공(?)한 것처럼 보이기에 적지 않은 목회자들이 자신도 모르게 물신숭배의 물결에 함께 떠내려가는 것이다. 올바른 목회 철학이 없다면 세상에서 힘을 과시하는 신자유주의와 같은 철학에 빠져서 교회성장 운동이란 유행을 따라가며 자신의 정체성을 잃어버리기 쉽다. 바른 교회를 세우기 위하여 건전한 신학의 토대 위에 목회 철학을 분명히 정립할 필요가 있다. 바른 교회를 세우려는 사람들은 교회 성장만이 지상최대의 과제가 아님을 분명히 인식해야 할 것이다.

고난 후에 영광

매년 부활절 때쯤이면 산에는 온통 연분홍빛으로 물들어가는 모습을 볼 수 있었는데, 금년에는 부활절이 예년보다 이른 시기여서 그런 모습을 볼 수 없는 것이 아쉽다. 왜냐하면 산속에 피어있는 철쭉꽃, 진달래꽃들의 붉은 빛을 보면 예수께서 십자가 위에서 붉은 피 흘리시며 돌아가신 모습이 연상되기 때문이다. 예수 부활의 역사적 사실은 로마의 전형적인 사형제도 가운데 하나인 십자가형의 역사적 의미를 이해할 때 그 의미가 더욱 살아난다. 예수 당시 로마의 사형제도는 십자가형, 화형, 교수형이 있었다. 그 중에서 십자가 사형제도는 죄인을 가장 고통스럽게 죽이기 위한 수단으로 채택되었고, 이런 십자가 처형은 공개적인 장소에서 실시되어 모든 일반 사람들이 자신의 눈과 귀로 그 고통을 확인할 수 있도록 하여 로마에 대한 반역을 꿈도 꾸지 못하도록 하는 정치적 압박 수단과 효과를 위한 제도였다. 또한 십자가형은 죄인이 처형이 되면 반드시 그 죽음이 확인된 후에야 그 형틀에서 내려올 수 있었다. 예수 그리스도는 이런 고난 속에서 죽으시고 자신이 예언하신대로막8:31; 9:31; 10:33 삼일 만에 다시 살아나신 것이다. 결국 예수께서 얻으신 부활의 영광은 십자가 고난 후에 주어진 것이다. 이런 점에서 부활절이면 모든 그리스도인은 고난 후에 영광이 주어지기에 이 땅에서 영광 얻을 것을 기대하기 전에 먼저 그리스도의 고난에 기꺼이 동참해야한다는 것을 기억하며 고난을 기꺼이 감내堪耐할 필요가 있다.

부활절이면 교회들은 잠시나마 교단과 교파의 벽을 넘어서 한 지역의 교회들이 연합하여 기쁨과 감사한 마음으로 부활절 기념행사를 한다. 예수 그리스도의 부활을 되새기며 부활의 소망을 확인하는 뜻 깊은 행사를 교단과 교파의 벽을 넘어서 함께하는 것은 분명 매우 뜻 깊은 일이다. 그러나 부활절 행사가 말 그대로 행사 자체로 끝나는 모습을 볼 때면, 예수 그리스도의 부활의 의미가 점점 퇴색해져가는 것은 아닌지 염려된다. 부활절 행사의 의미가 무엇인가? 예수 부활의 놀라운 소식을 온 세상에 알리며, 이 땅에서 고난 가운데 살아가지만 예수 그리스도 안에서 부활의 소망을 다시 되새기며 하나님께 감사와 찬양을 드리는 것이리라. 부활절 행사를 앞두고 교단과 교파 간에 행사 순서 담당자와 후원 문제, 어떤 이름으로 행사를 개최할 것인가를 놓고 설왕설래할 것이 아니라, 진정으로 교단과 교파의 벽을 허물고 예수 그리스도 안에서 한 형제 자매된 놀라운 사실을 확인하는 자리가 되어야 할 것이다. 각 교회에서도 부활절 행사를 준비하면서 연례 부활절 음악 발표회를 하는 것처럼 행사 자체에 너무 치중하여 예수 부활의 참된 의미를 잊어버리지 않도록 조심해야 한다. 더욱이 연중행사로 한번 지나가는 부활절 행사이기 보다는 예수의 고난에 동참하는 그리스도인의 삶을 강조하며, 우리가 현재 고난 가운데 있지만 결국 부활의 영광이 약속으로 보장되어 있음을 확인하고 고난 가운데 있는 사람들을 계속 돌보며 다시 그리스도인의 정체성을 확인하는 계기가 되는 절기여야 할 것이다.

신약성서는 예수 그리스도를 믿는 사람들

은 이미 영적 부활을 경험한 사람이라고 말한다. 에베소서 2:1은 그리스도인들이 본래 자기의 허물과 죄로 죽었던 사람들인데, 그리스도 예수 안에서 새로운 생명으로 다시 태어난 것이라고 말한다. 그러므로 그리스도인들은 이 땅에 살면서 예수 그리스도 안에서 영적 부활을 이미 경험한 사람으로 살아가는 것이다. 영적 부활의 경험이 없는 사람은 마지막 육체의 죽음 이후에 몸의 부활을 맛볼 수 없다. 예수께서 "나는 부활이요 생명이니, 나를 믿는 사람은 죽어도 살고, 살아서 나를 믿는 사람은 영원히 죽지 아니할 것이다"요11:25-26라고 말씀하신 것은 이 땅에서 믿는 자들이 이미 부활을 경험하며 살아간다는 사실을 분명히 확인시켜 주신 것이다. 이런 부활의 소망을 가지고 살아가는 사람들이기에 이 땅에서 그리스도를 위하여 받는 고난과 핍박을 감내할 수 있는 것이다. 부활절에 예수 부활의 의미를 보다 더욱 뜻 깊게 되새기기 위하여 로마의 십자가 사형제도 속에 무고하게 고난당하시며 처참하게 돌아가신 그리스도의 고난을 확인할 필요가 있다. 모든 교회의 부활절 행사 속에 예수께서 당하신 고난의 의미를 확인할 수 있는 순서들이 함께 있어서 소망이 없는 이 땅에서 여러 가지 고통 속에 힘없이 살아가는 모든 사람들에게 부활의 소망을 굳게 붙잡고 살아가도록 격려하는 계기가 되기를 소망한다.

믿음과 확률

2008년은 온 나라가 정부의 미국산 쇠고기 수입 협상 결과를 놓고 매우 시끄러웠던 한 해이다. 정부는 미국산 쇠고기를 수입하게 되어 국민들이 값싸고 질 좋은 먹을거리를 확보했다는 목소리를 높이고, 이와는 반대로 정부가 발표한 미국산 쇠고기 수입 협상 결과는 국민들이 광우병 위험에 결코 안전할 수 없으니 재협상하라는 주장 때문이다. 정부를 신뢰하라는 목소리와 더는 정부를 믿지 못하겠다는 목소리가 온 나라를 시끄럽게 했다. 미국산 쇠고기 수입이 안전하다는 정부의 홍보는 국민들이 광우병에 걸릴 확률이 매우 낮다는 것과 다른 사고의 위험보다 확률이 적다는 것을 증거로 제시하면서 국민들을 설득하였으나 국민들은 정부의 발표를 신뢰하지 않았다. 확률을 근거로 광우병의 위험을 축소하면서 그 위험을 감수하라고 설득하는 정부의 눈물겨운 노력이 매우 안타깝고 실망스러웠다.

확률을 근거로 사람들을 설득하는 일은 교회 안에서도 자주 보게 된다. 특히 그 확률을 믿음과 연결시켜서 말하면 사람들은 확률이 아니라 믿음으로 받아들인다. 예를 들면, 예배당을 새로 짓기 위하여 수억 또는 수십억의 융자금을 얻으려고 할 때, 여러 성공적인(?) 사례들을 나열하면서 어느 어느 교회가 수억 또는 수십억을 융자받아 예배당을 지었지만 몇 년 안에 모두 융자금을 상환했다는 증거를 제시하고, 그렇게 하는 것이 놀랍고 위대한 믿음이라고 말하면서 확률적으로 실패할 수 없음을 말하면 교회의 성도들은 쉽게 설득 당한다. 확률을 믿음에 접목시켜서 성도들을 설득할 때, 성도들은 그 허상을 보고 사실을 착각하며 그것을 믿는 것이 위대한 믿음이라고 생각하는 것이다. 광우병에 걸릴 위험을 확률적으로 말하면서 로또에 당첨되기보다도 어렵다고 말하는 이 나라의 정부 관료들이나, 예배당을 새로 지으려고 융자금을 얻기 위하여 교인들을 설득하면서 수억 또는 수십억의 융자금을 수년 내에 갚을 수 있는 확률을 제시하면서 설득하는 목회자들이 너무 유사한 모습처럼 보여서 씁쓸하다.

확률을 근거로 믿음을 요구하는 것만큼 어리석은 것은 없다. 확률을 요약하여 정의하면, 하나의 사건이 일어날 수 있는 가능성을 수數로 나타낸 것으로 같은 원인에서 특정의 결과가 나타나는 비율을 의미한다. 여러 가지 확률이 제공되는 것은 신뢰를 얻기 위함이지만 진실이 확률로 왜곡되는 경우가 오히려 많다. 확률을 근거로 하는 믿음은 허상을 붙잡을 가능성이 오히려 많음에도 사람들은 확률을 의지한다. 사람들이 확률을 신뢰하는 것은 확률이 과학이라는 이름으로 포장되어 있기 때문이다. 사람들은 과학적 진리를 절대 진리로 알고 그것을 무조건적으로 신뢰한다. 그러나 현재 알려진 과학적 진리는 더 알려지지 않은 영역과 알 수 없는 영역에 대하여 침묵하고 있을 뿐이며, 이런 점에서 절대 진리이기 보다는 상대적 진리이다. 어제까지 과학적 진리라고 믿고 있었던 것이 오늘 밝혀진 또 다른 과학적 발견에 의하여 하루아침에 진리의 목록에서 사라지는 경우를 많이 본다.

　　　　　　참된 믿음은 확률을 근거의 터전으로 삼지 않는다. 그리스도인들이 갖고 있는 믿음은 확률에 근거한 것이 아니라 분명한 진리에 근거한 것이다. 예를 들면, 예수의 부활을 믿는 그리스도인들은 예수가 부활했을 가능성이나 확률을 의지해서 예수가 부활했다는 사실을 믿는 것이 아니다. 그것이 분명한 사실에 기초하고 있고 분명한 객관적 증거가 있기에 믿음을 갖고 있다. 성경은 믿음에 대하여 분명하게 정의하고 있다. "믿음은 바라는 것들의 실상이요 보이지 않는 것들의 증거니 선진들이 이로써 증거를 얻었느니라. 믿음으로 모든 세계가 하나님의 말씀으로 지어진 줄을 우리가 아나니 보이는 것은 나타난 것으로 말미암아 된 것이 아니니라"히11:1-3 확률을 동원하여 사람들의 믿음과 신뢰를 독려하는 것이야말로 사기 행각이다. 예배당 건축을 하면서 다른 교회들이 이런 방식으로 일을 했고 모두 성공했기에 우리도 그렇게 하면 확률적으로 실패하지 않는다는 말을 하면서 예배당 건축을 독려하는 것은 성도들을 속이는 것이지 믿음이 아니다. 그리스도인들이 예수를 그리스도로 믿는 믿음은 무모한 모험이 아니며 모험에 도전하는 것은 더욱 아니다. 믿음이라는 이름으로 상식에서 벗어난 모험을 강요하거나 그런 모험적 개척 정신을 확률과 함께 믿음이라고 말하는 것은 위대한 믿음도, 능력 있는 믿음도 아닌 확률로 포장된 사기행각임을 알아야 한다.

2부 **경제와 윤리 도덕의 기준**

윤리 도덕의 기준

우리 사회의 윤리 도덕의 기준은 무엇인가? 그리스도인의 윤리 도덕의 기준은 무엇인가? 이런 질문들에 답하기가 쉽지 않겠지만 그래도 우리 사회의 윤리 도덕 기준은 법을 얼마나 잘 지키고 있느냐에 달려있다고 말할 수 있을 것이다. 반면에 그리스도인들의 윤리 도덕 기준은 우리 사회의 법을 잘 지키는 문제와 함께 한걸음 더 나아가 삶의 원리로 주신 하나님의 말씀인 성경 말씀을 따라 살아가고 있느냐에 달려있다고 할 수 있다. 하나님은 모세를 통하여 그의 백성들에게 "너희는 거룩하라 이는 나 여호와 너희 하나님이 거룩함이니라"레19:2고 말씀하셨다. 예수께서는 산상수훈을 말씀하시며 "하늘에 계신 너희 아버지의 온전하심과 같이 너희도 온전하라"마5:48고 하신다. 하나님께서 요구하시는 그리스도인들의 윤리 도덕 기준이 세상의 법을 지키는 정도가 아니라 하나님의 백성으로서 이 땅 위에 살면서 얼마나 거룩함을 유지하느냐의 문제라고 말씀하신 것이다.

이명박 정부가 시작되면서 고위 공직 후보자들의 인사청문회를 통해서 우리 사회의 지도층 인사들의 어두운 삶의 단면이 자주 공개되었다. 처음 이 정부의 내각 구성 때부터 공직 후보자들의 도덕성이 문제가 되었지만, 인사청문회를 하나의 통과의 레처럼 생각하기 때문인지는 몰라도 드러난 부도덕함을 그렇게 문제 삼지 않았다. 보통 시민이라면 주민등록법 위반으로 처벌받을 '위장 전입'이 현 정부에서는 고위 공직자가 되기 위한 필수 이력처럼 되어 버린 느낌이다. 2009년에 국무총리 후보자를 비롯하여 대법관 후보 자나 법무부 장관 후보자가 모두 예외 없이 '위장전입'을 한 부도덕 한 사람들이기 때문이다.

한국사회여론연구소KSOI가 2009년 9월 14일 실시한 여론조사 결과를 보면 고위 공직 후보자들의 위장 전입 에 대해 '도덕성'이 중요하기에 위장 전입은 중대한 결격 사유라는 의견이 전체 응답자의 46.0%이며, '업무 능력'이 더 중요하기에 위 장 전입은 결정적 결격 사유가 아니라는 의견은 35.9%였다. 또한 인 사청문회의 중요한 검증 사항으로 응답자의 47.6%는 '도덕성'을 그 리고 43.9%는 '업무능력'을 꼽았다. 국가의 고위직 공무원들이 일반 인들보다 특혜와 부패, 뇌물과 청탁의 유혹에 더 많이 노출될 수밖에 없고, 이해관계의 문제를 공정하게 다루어야 할 책임이 있는 사람들 이란 점에서 고위 공직자들의 도덕성과 청렴성이 중요할 수밖에 없 다. 우리 속담에 "윗물이 맑아야 아랫물도 맑다"는 말이 있듯이 국민 들은 정부의 고위직으로 내정된 사람들의 도덕성과 자질을 중요하게 생각하는 것이다.

고위 공직 후보자를 선정한 청와대는 '위 장 전입' 정도는 큰 잘못이 아닌 것처럼 생각하고 업무 능력을 보다 중요한 자격으로 보고 있다는 느낌을 지울 수 없다. 만일 윤리 도덕적 으로 잘못된 고위 공직자들이 '능력'이 좋아 법과 국민들을 교묘히 잘 속이며 자신들의 이해득실 관계만을 위해서 일한다면 이 나라는 어떻게 될까? 아무리 능력이 좋은 사람일지라도 법을 무시하며 교묘히 법망을 피하여 잘못된 방향과 옳지 못한 길로 계속 나간다면 능력이 좀 부족하지만 도덕성과 청렴성 있는 사람보다 더 못한 결과가 나올 수 있을 것이다. 만약 법을 집행하는 고위 공직자들이 자신들의 이익을 위하여 저지른 불법과 탈법을 정당화한다면 모든 국민들이 그런 위법 행위를 쉽게 본받을 것이며, 그런 사람들의 위법이 발견되었을 때 국가는 그들을 어떻게 법으로 다스릴 수 있을지 이해하기 어렵다. 이런 일들로 말미암아 우리 사회의 위법 및 탈법 불감증과 정부에 대한 신뢰가 붕괴되지 않을까 심히 염려된다.

국회의 인사청문회에서 일어난 일들을 생각하면서 이와 같은 청문회가 교회나 믿음의 공동체에서 발생한다면 어떤 모습일까를 상상해 본다. 한 교회의 목회자와 장로 및 안수 집사들, 신학교의 교수들, 선교 단체의 책임자들이 청문회의 자리에 앉는다면 우리가 보았던 국가의 공직 후보자들보다 나은 모습일까? 자녀들의 학교 입학을 위한다는 '위장 전입'의 문제부터 부동산 투기를 재테크로 알고 있는 우리 사회의 잘못된 정서 속에서 교회의 목회자들과 장로, 안수 집사들, 신학교 교수들, 선교단체들의 책임자들은 얼마나 윤리 도덕적으로 깨끗한 것일까? 그리스도인들의 윤리 도덕 기준이 하나님의 말씀으로 분명하게 주어졌지만 자기 나름대로의 기준과 우리 사회의 함량 미달 잣대로 만족하고 있다면 비난과 함께 하나님의 심판을 피하기 어려울 것이다.

우리 사회의 윤리 도덕 기준이 낮아지고 급기야 무너질지라도 그리스도인들만은 엄격한 잣대로 자기를 재보고 삶의 방향을 올바로 잡고 나아가야 할 것이다. "털어서 먼지 안 나는 사람이 없다"는 말에 너도 나도 모두 비슷하니 교회나 믿음의 공동체에서 불법과 탈법이 있을지라도 그냥 대충 적당히 넘어가자는 사고는 도덕적 파멸의 지름길임을 자각해야 한다. "맑은 물에 물고기가 살지 못한다"는 말은 잘못된 속담인 것을 분명히 알아야 할 것이다. 맑은 물에 물고기가 잘 살고 있고, 털어서 먼지 안 나는 사람도 있다는 사실을 실증적으로 보여주는 우리 사회와 교회 및 믿음 공동체가 되기를 소망한다. 사회 전반에 부정적 영향을 주고 있는 도덕 불감증의 증후군이 교회 안에서만은 나타나지 않기를 간절히 기대한다.

기독교 윤리의 가치

우리 사회를 뒤 흔들었던 경제 불안정과 최악의 금융 상황은 이미 어느 정도 예견된 일이었다. 미국에서 시작된 금융 사고의 여파가 한국뿐만 아니라 온 세계에 영향을 미치고 있는데, 그 파급 효과가 전문가의 예단을 불허하는 듯했다. 지금 지구촌의 모든 구석에서 싫든 좋든 신자유주의의 몰락을 피부로 경험하고 있는 중이다. 황금만능의 사상과 금융 자본이 모든 것을 지배할 수 있다는 사상이 세계를 제패한 듯했다. 하지만, 부의 축적만을 위하여 브레이크가 고장 난 자동차가 달려가듯 신자유주의는 가난한 자를 소외시킨 윤리 도덕의 부재 속에 멸망의 길로 들어선 것이다. 그러나 아직도 죽은 자식 불알 만지듯 미국은 꺼져가는 경제 불황에 불씨를 지펴보려고 안간힘을 쓰고 있다. 그렇지만, 미국이 지금까지 제시한 경제 불황의 다양한 해결책은 아무런 효과를 거두지 못하고 있음을 날마다 눈과 귀로 확인하게 된다. 윤리 도덕이 부재한 경제 구조 자체를 새롭게 바꾸려는 대안이 제시되기 전에는 밑 빠진 독에 물 붓기일 뿐이다.

한국의 경제 역시 미국과 비슷한 길을 걸어가면서 최악의 경제 상황이란 직격탄을 맞았지만 정부의 입장은 '우리는 미국과 다르다' 는 말을 연발한다. 아직은 우리 경제 상황이 어렵지 않고 위기가 아니어서 얼마든지 극복할 수 있다는 말로 국민을 설득하고 있다. 오히려 위기가 최상의 기회라는 말까지 서슴없이 내 뱉으며 경기 부양 정책들을 쏟아놓는다. 그렇지만, 그 정책들은 부자들만을 위한 정책인 종합부동산세 및 양도소득세의 완화 또는 폐지, 임직원 연봉이 하늘 높은 줄 모르고 올라가는 은행 구제를 위한 자금 지원, 그 동안 엄청난 수익을 낸 건설 회사들의 미분양 아파트 해결을 위한 국민의 혈세 지원, 투기 금지 지역의 해제 등등 모두 서민들과는 직접적으로 아무런 관련이 없는 것들이다. 윤리 도덕의 부재 속에 부의 축적만을 지상 목표로 알고 사는 사람들만을 위한 정책은 멸망을 향해 꺼져가는 불씨에 기름을 붓는 행위와 같다. 윤리 도덕이 부재한 경제 구조 속에서 부의 편중으로 인한 경제 양극화의 현상이 심화되면 될수록 신자유주의 사상은 종말을 향하게 되어 있기 때문이다.

바울은 디모데에게 "돈을 사랑함이 일만 악의 뿌리"딤전6:10라고 교훈했다. 부의 축적만을 위하여 달려가는 인생은 이미 악의 뿌리를 그 속에 깊이 내리고 있는 것이다. 결국 악의 뿌리는 자라나면서 자신과 다른 사람들에게 악한 열매를 거두게 하며 함께 멸망을 자초(自招)한다. 악한 열매의 모습은 최근에 일어난 소위 '묻지 마 방화 살인 사건' 의 희생자들을 통해서도 이미 확인되고 있는 듯하다. 경제적인 압박 속에 세상을 향하여 분노하며 자신의 삶을 혐오하여 불을 지르고 사람들을 무차별 살인한 젊은이를 바라볼 때 망연자실하게 된다. 그러나 이런 상황에 분노하며 그 살인자를 향하여 돌을 들어 던지기 전에 윤리 도덕의 부재 속에 부의 편중을 가져온 신자유주의 시장 경제 구조의 혜택을 받은 자들은 결코 마음 편하게 함께 돌을 들고 던질 수만은 없을 것이다. 윤리와 도덕을 도외시한 신자유주의 시장 경제 구조 속에서 부의 편중이 만들어낸 경제의 양극화 현상은 어떤 사회적인 문제를 일으킬지 아무도 예측할 수 없는 불안한 상황이다.

경제 구조가 올바른 윤리와 도덕의 기준이 없을 때 그 결과는 사회의 모든 구석에서 다양하게 부정적으로 나타나기 마련이다. 자본주의 경제 구조 속에 반드시 필요한 것은 기독교 윤리의 가치를 인식하고 실천하는 것이다. 기독교 윤리의 중요한 요소를 "누가 이 세상의 재물을 가지고 형제의 궁핍함을 보고도 도와줄 마음을 닫으면 하나님의 사랑이 어찌 그 속에 거하겠느냐 자녀들아 우리가 말과 혀로만 사랑하지 말고 행함과 진실함으로 하자"요일 3:17-18는 말씀에서 찾을 수 있다. 기독교 윤리의 기초는 나만을 생각하는 것이 아니라 다른 형제자매를 생각하는 것에서 시작된다. 자본주의 경제구조 속에서 나만의 배를 만족시키기 위하여 살지 않고 다른 사람들을 함께 생각할 수 있다면 그렇게 쉽게 무너지지 않을 것이다. 그렇지만, 최근에 문제가 된 쌀 직불금을 불법으로 신청하여 수령한 사람들이 그렇게 많다는 사실은 우리의 경제 역시 이대로 흘러간다면 그 멸망의 끝이 그리 멀지 않다는 것을 암시하는 것이다. 경제 윤리와 도덕을 상실하고 자신들의 배만 불리기 위하여 사는 사람이 그렇게 많기에 농민들은 피눈물을 흘리며 절망감 속에 탄식하는 것이다.

자본주의 경제가 기독교 윤리의 가치를 인정하고 수용하여 부의 축적만을 위해 질주하지 않고 분배와 나눔을 통하여 상생을 위한 적극적인 몸부림을 치면 오히려 생명력을 갖게 된다. 교회의 지도자들은 경제 위기 속에서 기독교 윤리의 가치를 다시금 강조하여 가르치며 교회가 그 가치를 적극적으로 실천하여 보여 주어야 할 때이다. 위기의 상황 속에서도 함께 살아가려고 노력하며 나눔을 통하여 사랑을 실천할 때 최악의 경제적 위기 속에서도 삶은 풍성한 열매를 맺을 수 있으며 그 감미로운 맛을 만끽할 수 있다. 세상의 없어질 재물로 땅을 사랑하여 땅을 산다고 소가 웃다가 입이 찢어질 핑계를 말하지 않고 춥고 배고파 울고 있는 이웃을 생각하며 기꺼이 그들에게 베풀고 나누어 주는 우리 사회가 되기를 간절히 소망한다. 아울러 모든 교회의 지도자들과 성도들이 기독교 윤리의 가치를 깊이 인식하고 함께 실천할 수 있기를 기대한다.

인간의 생명과 죽음

우리는 최근 여러 가지 자연재해와 인재, 살인과 자살을 통하여 인간의 생명이 세상에서 사라지는 소식을 듣고 있다. 필리핀에 가난한 학생들을 위하여 대안학교를 세우려고 현지답사를 갔던 목사 부부들의 죽음의 소식은 우리의 가슴을 한없이 슬프게 하였다. 일본에서는 소위 '묻지마 살인'이 사람들을 공포로 몰아가고 있다. 아무 원한 관계도 없고, 만난 적도 없는 사람을 아무 이유도 없이 살해하는 일이 우리 사회에서도 이미 발생했다. 인간의 죽음이 노쇠하여 기력이 다하여 죽는 것이 아니라, 오늘날은 자연재해와 인재로 사람들이 생명을 잃고, 사람이 사람을 죽이는 끔찍한 살인으로, 자기 스스로 목숨을 끊는 자살로 죽음의 소식을 듣는 현실이 되었다.

기억하기도 가슴 아픈 2007년 미국에서 일어난 버지니아 대학의 참사는 한 인간이 일으킨 죄악의 참상을 적나라하게 보여준 것이었다. 말 그대로 하루아침에 고귀한 생명들이 아침 이슬처럼 사라졌다. 인간에게 이런 일들은 일어나지 않았으면 하는 바램이지만, 세상은 우리가 원하고 바라는 대로 돌아가지 않는다. 사람들은 이런 암담하고 처참한 살인 사건을 바라보면서 범죄를 일으킨 원인을 규명해 보려고 노력한다. 범죄자에 대한 초기의 정신과 치료의 부재, 외국인으로서 겪은 교육적 환경의 어려움, 총기 소지를 쉽게 허락한 법규, 주변의 사람들의 무관심 등등을 이 범죄의 배경과 원인으로 말한다. 범죄의 원인을 규명한 것이 범죄자에게 면죄부를 주는 일이 되어서는 안 된다. 극악한 범죄를 저지른 당사자에게 동정할 수는 있으나, 그 이전에 인간의 타락한 본성을 인정해야 한다. 이것이 인간을 바라보는 신학적 인간론이다.

최근에 계속되는 연예인들의 자살 소식은 우리 모두의 마음을 침울하게 한다. 이유가 어떠하든지 자기 스스로 목숨을 끊을 작정을 하고 그 일을 실행하기까지의 과정을 잠시 생각하면 더욱 마음이 아프다. 최근에 자살로 자기 생명을 끊는 연예인들이 그리스도인이라는 사실은 또 다른 충격을 주기에 충분하다. 자살할 만한 이유와 상황, 여러 가지 말 못할 일들이 이들을 죽음으로 내몰았다고 말할 수 있겠지만, 그래도 이것은 정상적인 것이 아니다. 그리스도인은 자살하지 않는다는 통념이 무너진 느낌이어서 더욱 허탈하다. 총기를 소지하여 살인을 계획하고 실행에 옮길 때 그 자리에 있는 사람은 불가항력적인 죽음을 맞을 수밖에 없다. 그러나 그리스도인들이 자살을 하는 현실을 바라보면서 교회와 다른 그리스도인들은 과연 무엇을 했는가라는 질문을 던지지 않을 수 없다. 사회의 여러 가지 상황이 자살을 방조하도록 내버려 두었는지 몰라도 그 사회 속에 있는 교회는 무엇을 했단 말인가?

자살의 원인은 여러 가지가 있을 수 있지만 그 가운데 가장 큰 비중을 차지하고 있는 것이 우울증이라고 한다. 대부분 자살을 한 경우는 우울증 환자로 주변에서 이 사실을 알지 못하고 있는 경우가 많았다. 예수를 믿는 사람들도 우울증 환자가 될 수 있다는 사실은 예수를 믿고 있어도 자살할 가능성이 있음을 암시하는 것이다. 교회는 이런 사실을 시인하고 우울증 환자 및 그와 같은 증상으로 고통당하고 있는 사람들을 잘 살펴서 자살을 미리 방지 할 수 있어야 한다. 또한 소위 '묻지마 살인'의 경우도 사회의 부적응 환자라는 관점에서 이해할 필요가 있고, 교회는 사건이 발생하기 전에 이런 사람들의 편에 서서 이들을 돌보고 보살펴야 한다.

인간은 교육적 환경이 좋고, 양질의 교육을 받았다고 모두 악에서 떠나 선을 행하지 않는다. 확률적으로는 그런 결과의 가능성은 있겠지만, 그것은 언제나 무수한 변수가 있다. 좋은 부모 밑에서 자라났다고 모두 훌륭한 인간이 되지 않는다. 반대로 교육적 환경이 열악하고 사회적으로 열악한 부모와 환경에서 자라난 사람이라고 모두 범죄자가 되는 것은 아니다. 결국 미국에서와 같은 참극이나, '묻지마 살인'이라고 부르는 현상은 인간의 악한 본성을 구체적으로 보여주는 한 사례일 뿐이다. 자살을 간접적으로 방조하는 현대의 구조적 모순이 내재한 사회 속에서 생명 경시 풍조는 상승 작용을 일으켜 인간의 죽음을 대수롭지 않게 여기게 만든다. 생명 경시 풍조는 한 사람이 목숨을 잃었을 때 아무 감각이 없다면 이미 그런 사람의 마음속에 자리 잡고 있는 것이다.

인간에게 죽음은 피할 수 없는 일이지만, 예수 그리스도를 믿는 믿음을 통하여 이 땅에서 영원한 생명을 맛볼 수 있음을 성경은 말하고 있다. "아들을 믿는 자에게는 영생이 있고 아들에게 순종하지 아니하는 자는 영생을 보지 못하고 도리어 하나님의 진노가 그 위에 머물러 있느니라."요3:36 성경은 인간의 죽음에 대하여 "한 사람으로 말미암아 죄가 세상에 들어오고, 죄로 말미암아 사망이 들어왔나니 이와 같이 모든 사람이 죄를 지었으므로 사망이 모든 사람에게 이르렀느니라"롬5:12고 가르친다. 결국 모든 인간은 죽는 것이 진리이다. 그러나 타인의 생명을 취하는 자나 비록 자기의 생명이지만 자기 스스로 죽음을 결정하는 것은 인간을 창조하신 하나님을 무시하는 악한 행위일 수밖에 없기에 더욱 가슴 아픈 것이다. 하나님이 생명 주셨음을 감사하고 살아있는 동안에 생명의 기쁨을 풍성하게 누리는 은혜가 넘치면 좋겠다.

맑고 깨끗한 삶

예수께서 당시의 서기관과 바리새인들이 가면을 쓰고 거짓으로 행하고 말하는 것을 보시고 그들을 향하여, "화 있을진저 외식하는 서기관들과 바리새인들이여 잔과 대접의 겉은 깨끗이 하되 그 안에는 탐욕과 방탕으로 가득하게 하는도다. 눈 먼 바리새인이여 너는 먼저 안을 깨끗이 하라 그리하면 겉도 깨끗하리라"마23:25-26고 꾸짖으셨다. 오늘날도 세상의 정치 경제 지도자들과 종교, 특히 교회의 지도자들이 세상적인 특권에 너무 젖어 살면서 자신을 망각하고 착각하며 살고 있는 듯하다. 교회의 지도자들은 경건을 가르치며 자신은 이미 경건한 사람이 된 것으로 착각하며, 자신이 생각하고 계획한 것은 하나님께 영광을 돌리는 일이라고 확신하는 경우가 많은 것 같다. 세상 지도자들도 자신이 지도자의 위치에 있을 때 큰 업적을 자기의 이름으로 남기려고 발버둥 치며 사람들을 향하여 진실을 감추며 위장하는 것을 볼 수 있다.

한국 경제가 좋아지고 있다고 통계 숫자를 제시하며 국민들로 하여금 무지갯빛 소망을 꿈꾸게 하는 책임자들은 그 숫자를 진실로 믿고 있는 것일까? 얼마 전 부도 위기를 맞이한 성원건설은 법정관리, 즉 기업회생절차를 공식적으로 신청했다. 이로 인하여 중소형 건설업체의 줄도산을 우려하는 목소리가 높아지고 있다. 그동안 걱정하던 한국 경제의 실상이 수면위에 떠오른 것 같아서 불안한 상황이다. 이미 미분양 아파트 물량이 대략 12만여 가구라는 통계 수치가 발표되며, 이런 상황은 올해 들어 계속 증가 추세에 있어서 건설 업체들을 더욱 압박하고 있다는 것이다. 아파트의 가격과 땅 값의 하락만 막으면 부동산 경기가 다시 살아날 것이라는 예측은 이미 빗나가고 있다. 부동산 경기의 하락을 막기 위한 정부의 막대한 금융방출 정책은 물가의 불안 요인을 키우기에 통화량을 조절해야 한다는 판단아래 금리 인상의 필요를 암시했던 한국은행 총재는 결국 자신의 판단을 의지적으로 실천하지 못하고 그 자리를 떠나게 되었다. 우리 경제 상황에서 과연 진실은 무엇일까?

일자리 창출을 슬로건처럼 내놓은 정부의 계획과 통계청의 발표는 숫자상으로 실업율이 점차 감소할 것처럼 보였다. 하지만, 통계청의 실업률 통계가 실제 고용 상태를 반영하고 있지 못하다는 점을 꾸준히 지적해 온 단체들은 이에 대한 보완으로 실질실업률을 계산하여 발표하고 있다. 실업자가 계속 증가하는 현재의 상황에서 실질적으로 실업 상태에 있는 사람들을 포함하는 실질실업자의 경우 이미 400만 명에 이를 것이라는 소식이 다. 4대강 사업이 경제 문제를 해결하고, 특히 일자리 문제를 해소할 것이라는 정부의 발표가 있었지만 아직도 일자리가 없어서 헤매는 사람들이 부지기수이다. 4대강 살리기 사업과 관련된 진실은 무엇일까? 지금 4대강은 공사판으로 모든 물과 자연이 죽어 가고 있는데 과연 누구를 위한 사업인가? 한국천주교주교회의는 정부의 4대강 사업과 관련하여, "이 나라 전역의 자연환경에 치명적인 손상을 입힐 것으로 심각하게 우려하고 있다"고 2010년 3월 12일에 밝혔다. 진실을 잠시 숨길 수 있지만 그것은 정말 시간문제일 뿐이다. 시간이 지나면 거짓된 일들은 자연스럽게 드러나며 거짓으로 인한 대가는 오랜 기간 동안 눈물을 삼키며 어렵사리 되갚아야 할 것이다.

참여정부 시절의 한명숙 전 총리의 뇌물수수 사건이 진실 공방에서 어떻게 끝날지 처음에는 아무도 단정할 수 없었다. 하지만, 한 전 총리는 1심에서 무죄 판결을 받았다. 한 전 총리가 돈 봉투를 보았거나 그것을 직접 챙기는 것을 목격하지 못했다는 증언이 나왔다. 세상에서 진실을 감추려는 것은 손으로 하늘을 가리려는 것과 같이 어리석은 일이다. 진실공방은 항상 누가 거짓의 가면을 쓰고 말하고 있는지 시간이 지나면 모두 분명히 밝혀진다. 우리와 종교가 다르지만 맑고 깨끗한 삶을 살아온 법정 스님이 1020년 3월 11일 세상을 떠났다. 법정은 세상을 떠나기 전에 "이제 시간과 공간을 버려야겠다"며 일체의 장례의식을 거행하지 말라고 당부했다고 한다. 법정의 대표 산문집 『무소유』는 179쇄를 거듭한 우리 시대 최고의 스테디셀러가 되었지만, 이 책 뿐 아니라 자신의 모든 책을 절판하라고 유언했다는 것이다. 무소유의 유산을 남기길 소원한 것이리라. 우리와 종교가 다른 사람의 일이라고 쉽게 생각하거나 불필요한 비판을 해서는 안 될 것이다. 우리에게 거짓 없는 진실한 삶은 이 세상에서 불가능한 것일까? 맑은 물에 물고기가 살 수 없다는 논리로 만족해야하는 것일까? 털어서 먼지 안 나오는 사람이 없으니 그냥 적당히 살면 되는 것일까? 우리의 삶을 돌아보며 하나님 앞에서 참된 모습으로 꾸밈없이 매일의 삶을 살아가야 할 것이다.

우리를 둘러싸고 있는 거짓의 껍질을 한 겹 한 겹 벗겨내는 것은 그렇게 쉬운 일은 아닐 것이다. 하지만, 진실로 위장된 거짓된 삶이 행복을 맛볼 수 없게 한다면, 가면을 벗고 있는 그대로의 모습을 드러내는 것이 마땅할 것이다. 참된 기쁨은 진실의 열매이기 때문이다. 교회의 지도자가 되어서 하나님의 이름과 영광을 들먹거리고 자신의 의도를 숨기면서 많은 사람들이 걱정하며 반대하는 일을 추진하는 어리석음은 버려야 할 것이다. 예수께서 서기관들과 바리새인들을 향하여 꾸짖으신 "잔과 대접의 겉은 깨끗이 하되 그 안에는 탐욕과 방탕으로 가득하다. 너는 먼저 안을 깨끗이 하라 그리하면 겉도 깨끗하리라"는 말씀을 곰곰이 생각해 보며 우리 자신을 돌아보아야 한다. 하나님의 말씀을 진리로 믿고 따라가는 우리 그리스도인들이 거짓의 가면을 벗고 있는 그대로의 모습으로 살아가는 맑고 깨끗한 삶을 기대해 본다.

화폐의 우상 시대

오늘날처럼 돈이 모든 것을 좌우하는 시대가 없었던 것 같다. 사람의 인격도 돈으로 가늠하고, 한 사람의 능력도 돈으로 평가되는 시대이다. 성경은 돈 자체가 악한 것이라고 말하지 않는다. 다만 사도 바울이 디모데에게 보내는 편지에서 "돈을 사랑함이 일만 악의 뿌리가 되나니 이것을 사모하는 자들이 미혹을 받아 믿음에서 떠나 많은 근심으로써 자기를 찔렀도다"딤후6:10라고 언급했을 뿐이다. 바울은 우리의 삶에 있어서 돈이 필요 없다고 하거나 돈을 벌지 말라고 교훈하는 것이 아니다. 바울은 돈을 사랑하는 것의 파괴력을 분명히 알고 있었고, 그 부정적인 폐해를 인식하고 젊은 목회자에게 분명하게 권면한 것이다.

우리는 정부가 한국은행을 통해 새롭게 만든 천원, 오천 원, 만 원권의 새로운 화폐를 이미 사용하고 있다. 얼마 전 정부는 현재 사용 중인 화폐보다 액면 금액이 고액인 화폐를 발행하기로 결정했다. 이미 현재의 화폐는 만원이 최고의 액수이기에 불편하다는 이론이다. 한국은행의 고액권 발행을 앞두고 찬반양론이 오고가고 갔지만, 예정했던 대로 액면가 십만 원과 오만원의 화폐가 발행될 것 같다. 고액권의 화폐 발행에 대한 평가가 아직도 불투명하지만 이 고액권들을 사용할 날이 멀지 않았다. 한국은행에서 발행될 고액권이 그 동안 지폐의 분량이 많아서 어려웠던 문제들을 해결해 줄 것이다. 그렇지만 고액권의 발행으로 해소될 문제는 항상 긍정적인 면만 있는 것은 아니고, 부정적인 면에서도 불가피하게 기여할 수밖에 없을 것이다.

오늘 우리 사회의 모든 범죄의 뿌리를 캐내어 보면 돈을 사랑하는 것과 연관이 되어 있음을 알 수 있다. 자본주의가 만발한 사회에 살면서 돈을 생각하지 않는 것이 이상한 일일 것이다. 그렇지만 그리스도인들은 이런 자본주의의 물결에 함께 휩쓸려 갈 것이 아니라 이런 급류의 물살을 헤치며 살아가야 할 책임이 있다. 이런 삶을 위해서는 함께 생각을 갖고 동조하며 격려하는 공동체가 필요하다. 그런 공동체는 교회라는 틀 속에서 찾아볼 수 있을 것이다. 그리스도 예수를 머리로 하는 모든 교회가 그 공동체가 될 수 있다. 나 혼자만이 아니라 함께 어깨를 나란히 하며, 격려하고 붙들어주고, 힘이 되어 줄 때, 우리는 현대의 자본주의라는 거대한 괴물을 직시하며 위험천만한 사회 속에서도 생명을 유지할 수 있을 것이다.

MBC TV의 토론 프로그램에서 사회쟁점으로 떠오른 종교인 과세 논란에서 성직자의 문제를 다루면서 일부 대형 교회의 목사들이 향유하고 있는 부의 추한 모습을 적나라하게 고발한 것은 참 슬픈 일이다. 오늘날 자본주의 시대가 만발한 사회에서는 돈이 모든 것을 말하는 것처럼 보인다. 그러나 화폐가 우리의 우상이 될 수 없음을 그리스도인들은 입으로만 아니라, 삶으로 보여줄 필요가 있다. 우리가 그리스도인이라는 자신의 정체성을 갖고 시대의 흐름에 휩쓸려가지 않으면서 돈이 모든 것을 대변할 수 없음을 보여 줄 수 있을 때 우리는 화폐의 우상시대를 거슬러 살아가는 것이다.

"작은 것이 아름답다"는 말처럼 직고 소박한 삶, 필요를 채우는 삶이 기보다는 없어서는 안 될 것들을 최소한 충족시켜가는 삶을 살아가야 하지 않을까 생각한다. 모든 그리스도인들이 하나님의 살아계심을 이런 소박하고 단순한 삶을 통해서 보여줄 수 있었으면 좋겠다.

물신숭배物神崇拜의 세상

세계 경제가 점점 예측할 수 없는 깊은 수렁으로 빠져들어 가고 있는 것이 분명하다. 이런 경제 위기가 얼마 동안 계속될지 아무도 예측할 수 없을 것이다. 예측이 어느 정도 가능한 경제 지표가 발표되어도 그 내용들은 모두 어두운 그늘만 보여준다. 한국의 경제 성장률이 7%가 될 것이라는 꿈을 약속하던 이 나라의 정부는 이제 더는 그 수치를 입에 올리지 않은지 오래 되었다. 2008년 당시 우리나라의 경제 성장률은 아무도 예측할 수 없는 상황이 되었다. 그나마 조금이라도 경제가 성장할 수 있다면 다행일 것으로 판단된다. 이런 상황에서도 정부는 내년은 좋아질 것이라고 국민들을 부추기며, 그 당시 대통령은 지금 주식을 사면 1년 안에 부자가 된다고 말을 했다. 미래에셋의 박현주 회장이라는 사람도 지금이 100년 만에 한번 올까 말까하는 절호의 기회라고 말을 했다. 그런데 이상한 것은 이 좋은 경제 정보를 왜 남들에게 알려주는 것일까 매우 궁금하다. 그렇게 좋은 기회라면 아무에게도 말하지 않고 조용히 혼자 먼저 나서서 주식을 사고 투자를 하는 것이 이 사회의 상식이 아닌지 모르겠다. 그동안 이런 좋은 투자의 기회를 남들보다 먼저 얻기 위하여 많은 정보를 분석하고 잔머리를 돌린 것이 아니었던가!

세상은 이제 돈이 모든 것을 결정하고, 돈

을 가진 사람들이 힘을 쓰는 구조가 되고 말았다. 우리 사회에서 경제력이 있는 사람들은 그 힘을 정의와 약자를 돌보는 일에 사용하기 보다는 오히려 자신들의 삶의 안정을 위하여 사용하고 있는 것이 대부분인 것을 여러 가지 정보를 통해 확인하게 된다. 이런 모습들을 사회의 여러 구석에서 보며 무력감을 느끼는 것은 물신숭배의 세상에 적응하지 못한 사회 부적응자이기 때문은 아닐 것이다. 세상은 물신숭배를 당연시한다고 할지라도 교회에서 조차 간혹 그런 모습의 그림자를 발견할 때면 섬뜩해지는 이유는 무엇일까? 현재 몇몇 교회에서 장로와 목사가 나누어져 세력 다툼을 하는 일들이 인터넷에 올라오는 것은 단지 돈 때문만은 아닐 것이라고 자위해 본다. 물신숭배의 세상 속에서 그리스도인들이 살아가는 방법은 무엇일까? 모든 그리스도인들은 이미 세상을 살아가는 방법이 돈으로 해결되는 것이 아님을 믿고 천명한 사람들이다. 그렇지만 세상은 경제의 법칙에 따라 돌아가고 있고, 그 속에 싫던 좋던 모든 그리스도인들도 함께 맞물려서 살아가고 있다. 입으로는 돈이 삶의 목표가 아니라고 외치고 돈으로 모든 것이 해결되는 것이 아니라고 목에 힘줄을 세워보지만 그 목소리는 점점 가늘어지고 있는 현실이기에 안타까운 마음뿐이다.

앞으로 2-3년 동안 세계 경제가 어려워질 것이라는 발표는 우리 모두가 사실로 받아들여야 할 것 같다. 그렇다면 이런 경제적 위기를 맞이하면서 교회와 모든 그리스도인들이 깊이 생각하고 준비해야 할 일들이 있을 것 같다. 그것은 먼저 우리 각자가 개인의 삶을 돌아보며 그동안 꼭 필요하지 않은 부분에서 낭비한 것은 없는지를 살펴보며 재정 지출에 신중해야 할 것이다. 교회 역시 그 동안 필요 이상의 지출은 없었는지 확인하며 모든 부분에서 절약을 실천해야 할 것이다. 경제 위기를 맞이해서 사회는 여러 방면에서 소위 구조 조정이라는 조치를 취하려고 한다. 교회와 우리 개인이 스스로 우리의 삶의 모습을 점검하며 먼저 조정하고 재고할 일들이 없는지 살펴보는 지혜가 필요하다. 현재의 경제 위기가 자칫 물신숭배의 길로 들어서는 첩경이 될 수 있다는 사실도 명심하며 바울의 삶의 비결을 배워야 할 것이다. 바울은 빌립보 교회에 보내는 편지 속에서 "내가 궁핍하므로 말하는 것이 아니니라. 어떠한 형편에든지 나는 자족하기를 배웠노니 나는 비천에 처할 줄도 알고 풍부에 처할 줄도 알아 모든 일 곧 배부름과 배고픔과 풍부와 궁핍에도 처할 줄 아는 일체의 비결을 배웠노라. 내게 능력 주시는 자 안에서 내가 모든 것을 할 수 있느니라"빌4:11-13고 하였다. 사도 바울은 물질의 많고 적음이 자신에게 결코 문제가 되지 않는다는 것을 밝히고 있다. 물신숭배의 세상 속에서 살아가야하는 우리 그리스도인들이 배워야 할 삶의 모습이다.

앞으로 더 험악하게 몰아쳐 올 경제적 위기는 세상에 가진 것이 없는 사람들에게 더욱 혹독한 삶을 요구할 것이 분명하다. 이미 여러 가지 어두운 그늘이 비쳐지고 있는 가운데 사채 빚을 사용하고 갚지 못해서 빚 독촉의 압박에 시달리다 자살했다는 사람들의 소식이 들려오고, 주식과 펀드에 투자하여 실패한 사람들이 자살했다는 소식을 예사로 듣고 사는 세상이 되었다. 최근의 불안한 경제 소식과 함께 남북의 정치 문제로 말미암아 그동안 개성공단에 입주하여 사업을 하며 남북 경제에 힘을 보태던 사람들을 생각해 본다. 그래도 그들은 가진 자들이어서 어렵지 않다고 자신 있게 말할 수 있는 사람이 누구일까? 어쩌면 그들의 아픔과 깊은 걱정은 우리가 전혀 상상하기 어려울지도 모른다. 구세군의 자선냄비가 등장한 이 계절에 우리들의 손이 부끄러운 빈손이 아니기를 기대해 본다. 한 교회의 장로 직분을 갖고 있는 대통령이 집 한 채 외에는 가진 재산을 모두 사회에 환원하겠다고 공언한 말이 늦었지만 이번 기회에 실천된다면 그나마 박수를 받을 수 있을 것인데, 그렇게 될 수 있을지 궁금하다. 물신숭배의 세상 속에서라도 마음이 가난하고 헐벗고 굶주린 자들을 위하여 이 땅에 오셔서 평화를 선물로 주신 예수 그리스도처럼 모든 그리스도인들이 가진 것 없는 사람들을 먼저 생각하는 한 해의 마지막 달이 되었으면 좋겠다.

무한 경쟁 시대

오늘날 한국 사회는 무한 경쟁 시대의 꽃이 만발한 모습이다. 정부의 경제 정책이 신자유주의 사상에 뿌리를 두고 있어서 경쟁에서 살아남는 자만 승리자가 될 수 있도록 유도하고 있는 것도 그 이유 중 하나이다. 정부의 경제 정책 기조는 시장 자유주의라는 배경에서 이해하려고 할 때 오히려 당연한 논리가 될 수 있다. 그렇지만 정부는 이와 같은 경쟁 지향적인 삶의 구조를 경제뿐만 아니라 교육과 사회 및 일상생활 전반에 도입하려는 것처럼 보이기에 매우 우려된다. 실제로 교육의 경우 이미 경쟁의 구조 속으로 기존의 틀을 바꾸어 버렸다. 그 동안 사라졌던 초·중·고등학생들의 전국 일제 고사가 부활하고, 학교의 교육 자율 정책의 보호라는 미명 아래 학생들을 성적 순위로 줄 세우고 입시 경쟁으로 내몰고 있다. 학교의 교육이 협동을 통해서 공동체를 이루는 삶을 가르쳐야 하는데, 성적과 입시라는 지나친 개인주의와 경쟁주의를 조장함으로 이기주의를 더욱 부추긴다. 정부가 교육뿐만 아니라 의료보험의 민영화를 추진하려고 하며, 수돗물, 전기, 수도 가스, 철도의 민영화를 추진하려는 움직임이 있다는 소문들은 단순히 풍문이나 괴담의 수준을 넘어서는 것처럼 보인다. 정부가 일반 국민을 위한 모든 사회의 공공 서비스를 민영화하여 경쟁을 유도하고 양질의 서비스를 제공하려는 것으로 이해해 보려고 노력하지만, 결국 경쟁에서 뒤쳐지면 병원에 가서 치료를 받는 것도, 물과 전기, 가스를 사용하여 일상의 삶을 사는 것도, 철도를 이용하여 고향집에 다녀오는 것도 경쟁에서 밀려난 서민들에게는 힘든 시대가 눈앞에 닥칠 것을 생각하면 두렵기까지 하다.

정부의 경쟁 지향적인 사회구조로의 변혁보다 더욱 심각한 문제는 신자유주의시대의 조류를 따라서 적지 않은 교회들이 경쟁의 구조로 변화를 시도하며 교회 본연의 모습을 버리고 성도들을 무한 경쟁의 장으로 인도하는 것이다. 교회가 경쟁적인 단체로 모습을 바꾸기 시작한 것은 물론 어제 오늘의 일은 결코 아니다. 이런 현상은 미국의 '교회 성장학'이 한국 교회에 소개되면서부터 거의 대부분의 교회들이 성장 지향적인 모습으로 교회의 구조를 바꾸면서 나타난 현상이다. '교회 성장학'에서 교회 성장의 개념은 질적 성장 보다는 양적 성장에 더 강조점이 있다. '교회 성장학'을 교회의 중요한 신학 사상으로 받아들인 모든 교회들이 성도들을 경쟁의 자리로 몰아내었고, 교회는 일반사회의 기업체처럼 경쟁적으로 서로 마지막 승자가 되기 위하여 온갖 수단과 방법을 동원하게 되었다. 이런 경쟁 중심의 교회 속에서 '부흥' revival의 개념은 질적인 의미 보다는 수량적인 의미로 이해되어졌고, 본래 '부흥'의 의미를 퇴색시켰다. '부흥'이란 '다시 살아나는 것' re-vival, '영적으로 병들었던 자가 회생하는 것', 등을 의미하는 질적이며 영적인 개념이지만, 그런 의미는 거의 모두 사라지고 말았다.

교회가 신자유주의에 물들어 버리면 교회는 쉽게 경제학과 경영학의 개념들을 도입하게 되며, 이런 경우 성도들은 더 이상 하나님의 백성이기 보다는 고객으로 이해되고, 교회는 예배와 설교, 찬양, 등에서 소비자의 만족을 위하여 노력하며 고객의 100% 만족을 위하여 모든 수단과 방법을 동원하게 된다. 교회는 귀가 즐거운 설교를 위한 음향 시설, 조명, 안락함, 등을 위하여 모든 투자를 아끼지 않고, 가슴을 울리는 찬양과 멋진 예배를 위하여 전문가들을 초청하고 예배와 찬양, 설교에 만족한 소비자들은 자신들이 무한 경쟁 속에서 쟁취한 승리의 전리품들을 감사와 은혜라는 이름으로 내어 놓는다.

예수께서 분명히 교훈하시기를 "사람 중에 높임을 받는 그것은 하나님 앞에 미움을 받는 것이니라"눅16:15고 했고, "너희 중에 누구든지 으뜸이 되고자 하는 자는 너희의 종이 되어야 하리라"마20:27; 막10:44고 했다. 바울이 고린도 교회 성도들을 향하여 "운동장에서 달음질하는 자들이 다 달릴지라도 오직 상을 받는 사람은 한 사람인 줄을 너희가 알지 못하느냐 너희도 상을 받도록 이와 같이 달음질하라"고전9:24고 말했을 때, 바울은 그들이 서로 경쟁을 하여 상을 받기 위해 수단과 방법을 동원하라는 것이 아니라, 왜 한 사람만 상을 받게 되었는지 생각하여 법을 지키며, 절제하며, 분명한 삶의 목적을 이해하고 서로 함께 살아가야 할 것을 경기자의 비유를 통해서 교훈한 것이다.참조. 고전9:25-27 성경은 어디에서도 무한 경쟁을 부추기거나 권고하지 않는다. 오히려 서로 돕고 사랑하며 나보다 남을 더욱 높이 평가하며, 누구든지 으뜸이 되려고 하면 맨 나중이 되어야 한다고 가르친다. 신자유주의의 사상에 뿌리를 둔 무한 경쟁이 미덕이 되고 있는 이 시대에 교회만은 주님 안에서 상생하는 삶, 나보다 남을 더욱 높이는 섬김의 삶을 보여야 하는 막중한 사명이 있다.

시간당 최저임금 4,110원의 의미

　　　　　　　　　우리나라에서 최저임금법을 제정 공포한 것은 1986년 12월 31일이며, 이 제도를 실시한 것은 1988년 1월 1일부터이다. 그 이전까지 최저임금이란 1953년에 제정된 근로기준법에 분명히 명시되어 있었지만 당시 우리 경제가 최저임금제도를 수용하기 어렵다는 판단에 따라 이 규정을 운용하지 않았다. 정부는 70년대 중반부터 지나치게 낮은 임금을 해소하기 위하여 행정지도를 했으나 저임금이 없어지지 않았다. 따라서 저임금의 제도적인 해소와 근로자에게 일정한 수준 이상의 안정된 생활을 보장해주기 위하여 최저임금제도의 도입이 불가피해졌던 것이다. 현재 최저임금의 법적 효력은 근로자를 사용하는 모든 사업 또는 사업장에 일률적이고 통일적으로 적용된다. 외국인근로자라 하여 예외가 되지 않으며, 연소근로자 또는 고령자에게도 동일하게 적용된다. 다만, 예외적인 경우는 법으로 명시해 놓았다.

　　　　　　　　　2009년에 최저임금심의위원회는 경영계가 제시한 올해보다 5.8% 줄어든 3,770원의 삭감안과 노동계가 제시한 올해보다 28.7% 인상된 5,150원의 인상안을 두고 수차례의 토론이 있었지만, 아무 결정을 하지 못하다가 결국 그 해 6월 29일 오후 7시부터 30일 새벽까지 전원회의를 열어 공익위원 조정안에 대한 투표를 통해 2010년 최저임금을 시간급 4,110원으로 결정했다. 노동부 장관은 이날 결정된 안을 7월에 고시해 근로자 대표와 사용자 대표가 이의를 제기할 수 있는 기간을 10일 이상 준 후, 8월 5일까지 내년도 최저임금을 확정한다. 최저임금심의위원회의 이런 결정은 올해 말까지 적용되는 최저임금인 시간당 4천원보다 2.75% 인상되는 것으로, 외환위기를 겪었던 1998년 2.7% 이후 가장 낮은 인상률이다. 최저임금위원회는 2010년 최저임금이 인상됨에 따라 전체 근로자의 50%가 훨씬 넘는 저임금 근로자 256만6천명이 새로 혜택을 볼 수 있을 것으로 추산했다. 이번에 결정된 시간당 최저임금 4,110원은 월 단위로 환산하면 주 40시간(월 209시간) 사업장에서 일하는 근로자에게 월급 85만8천990원을 의미하고, 주 44시간(월 226시간) 사업장에서 일하는 사람에게 월급 92만8천860원을 뜻한다.

야고보 사도는 말하기를 "들으라 부한 자들아 너희에게 임할 고생으로 말미암아 울고 통곡하라 너희 재물은 썩었고 너희 옷은 좀먹었으며, 너희 금과 은은 녹이 슬었으니 이 녹이 너희에게 증거가 되며 불 같이 너희 살을 먹으리라. 너희가 말세에 재물을 쌓았도다. 보라 너희 밭에서 추수한 품꾼에게 주지 아니한 삯이 소리 지르며, 그 추수한 자의 우는 소리가 만군의 주의 귀에 들렸느니라. 너희가 땅에서 사치하고 방종하여 살육의 날에 너희 마음을 살찌게 하였도다"약5:1-5라고 한다. 이 말씀에 의하면 당시 밭을 가진 부자 지주가 밭에서 추수한 품꾼에게 삯을 주지 않았다는 것은 오늘날 사업주가 근로자에게 임금을 지불하지 않았거나 착취한 것에 해당한다. "밭에서 추수한 품꾼에게 주지 아니한 삯이 소리 지르며, 그 추수한 자의 우는 소리가 만군의 주의 귀에 들렸다"는 것은 근로자의 임금을 착취하고 땅에서 사치와 방종으로 자신만 살찌우는 부자들에게 "불 같이 너희 살을 먹으리라"는 하나님의 심판이 주어지는 이유를 제공한다. 그리스도인들 가운데 사업을 하며 근로자를 고용한 사업주들이 귀담아 듣고 깊이 생각해야 할 말씀이다.

우리나라에서 근로자의 생계를 보호하기 위하여 시간당 최저임금제도를 도입한 것은 그나마 다행한 일이지만, 한 가지 기억해야 할 것은 최저임금이 근로자와 그 가족이 행복을 누리며 인간다운 삶을 살 수 있다는 의미는 결코 아니다. 최저임금제도가 사용자의 자유권을 착취하는 법이라며 사업주의 사유재산을 국가가 약탈한다는 말 같지도 않는 헛소리를 하면서 최저임금제도를 없애야 한다는 인간들이 우리 사회에 공존하고 있다는 사실을 예의 주시해야 한다. 정부는 2009년 3월 27일 한승수 국무총리 주재로 열린 국가정책조정회의에서 경제위기 극복을 위해 향후 2년간 한시적인 규제유예 조치를 취하겠다고 하면서, 최저임금제도 2년간 유예 검토를 거론했다. 정부의 최저임금제도 유예 또는 폐지 검토 발언은 이명박 정권의 친재벌, 반서민 성격을 다시 한 번 드러낸 것이나 다름없다. 특히 경제위기 때문에 최저임금제도 유예를 검토한다는 발상 자체가 한심하다. 이와는 달리 미국 오바마 대통령은 선거 때 경제위기 극복을 위해 발표한 '20개 주요 경제 이슈' 중 하나로 '2011년까지 최저임금 시간당 9.5달러 인상(2008년 현재 6.55달러)' 방침을 밝힌 바 있다.

2010년도의 시간당 최저임금 4,110원의 결정과 함께 목회자들은 교회에 출석하는 그리스도인들이 어떤 상황과 근로 조건 속에서 경제 활동을 하고 있는지 깊이 인식하고 그들을 돌보며 섬겨야 할 것이다. 자신의 교회 안에 성도인 사업주가 최저임금보다 낮은 임금으로 근로자들을 고용하고 있어서 근로자들이 낮은 임금의 피해자가 되지 않도록 가르칠 필요가 있다. 자신의 교회에 출석하는 성도 중에 사업을 하는 사람들이 주식회사 이랜드와 같이 무더기로 근로자들을 해고했던 사태가 발생하지 않도록 지도해야 할 것이다. 더욱이 교회 안의 성도 가운데 사업주가 근로자들의 임금을 착취하여 이익을 남긴 돈으로 십일조와 다른 여러 종류의 헌금을 하지 않도록 가르칠 필요가 있다. 최저임금제도 속에서 결정된 4,110원의 의미를 깊이 인식하며 이 땅에서 근로자가 가장 기본적인 최저의 생활이라도 할 수 있도록 보장해 주는 일에 교회도 함께 관심을 갖고 기도해야 한다. 그리스도인들은 터무니없이 낮은 최저임금으로 자기 개발은커녕 당장 급하게 먹고 사는 것만 해결하면 된다는 식의 최저임금제도에 대한 문제도 깊이 인식하고 있어야 한다. 희망을 갖게 하는 최저임금제도가 아닌 당장 먹고사는 문제만 해결할 수 있는 최저임금제도는 올바른 제도가 될 수 없기 때문이다.

아파트 공화국의 붕괴 조짐

대한민국의 주거형태는 이제 거의 대부분 아파트로 바뀌고 말았다. 이런 현상은 주거형태라는 관점에서 도시와 농촌의 차이도 없애 버린 듯하다. 왜냐하면 시골의 논과 밭 사이에도 아파트가 괴물처럼 건축되었기 때문이다. 아마도 빠르면 100년 쯤 뒤에는 '한국의 주거형태는 아파트였다' 로 이해 될 수 있을 것 같다. 우리나라에서 집은 대부분의 사람들에게 매우 특별한 것으로 단순히 사는 공간의 개념을 넘어선다. 예전의 기와집과 초가집 형태의 한국 전통 주거 문화 속에서 부족한 집을 마련하여 자기 소유의 집이 없는 사람들을 위하여 정부에서 아파트를 건설하기 시작했는데, 원래의 취지는 사라지고 집이 재산 증식의 수단으로 변화하여 이제는 '부동산 불패신화' 라는 말을 만들어 낸 것이다. 다시 말해서 한국 사회에서 주택 소유욕은 크고 이런 환경 속에서 주택가격 하락은 있을 수 없다는 것이다.

프랑스에서 한국사회를 연구하는 젊은 연구자인 발레리 줄레조Valérie Gelézeau가 1990년 처음 서울을 방문했을 때, 아파트단지의 거대함에 충격을 받고 연구를 시작하여 탄생된 책이 『아파트공화국』이다. 이 책에서 저자는 아파트 대량생산체제를 지탱하고 있는 국가와 재벌, 그리고 중산층의 이익연합에 대한 분석을 시도하고 있다. 손낙구는 『부동산 계급사회』에서 우리나라의 부동산 소유와 관련된 자료를 제시한다. 그에 따르면 2006년 행정자치부 자료를 근거로 2005년 8월 12일의 현황으로 다주택 소유자 상위 100인의 실태는 1위가 1,083채를 소유하고 있고, 100위에 해당하는 사람이 57채를 소유하고 있었다. 상위 100인이 소유한 집의 전체 합계는 1만 5,464채이다. 한 사람이 아파트 50채를 소유해도 100위에 들지 못한다. 아파트가 단순히 삶을 영위하는 공간이 아니라, 재산증식의 수단이기에 부동산 불패신화 속에서 부동산 소유를 통해 부자가 되려고 기를 쓰고, 그 결과 아파트 가격은 하늘 높은 줄 모르고 오른 것이다.

하지만, 이런 부동산 불패신화에 찬물이 부어지면서 아파트 공화국의 붕괴 조짐이 나타나고 있다. 경제연구소들 가운데는 현재 나타나는 아파트 가격 하락 현상을 그동안 하늘 높은 줄 모르고 치솟았던 아파트 가격의 거품붕괴로 이해하며 절반 가까운 가격으로 하락할 것을 예측하고 있다. 이런 조짐들을 이미 감지하고 방송에서는 아파트 가격 하락을 주제로 특집 방송을 시작했다. 최근 부동산 경기 침체에다 한국토지주택공사LH의 재무구조 악화로 수도권 2기 새도시 조성 역시 곳곳에서 휘청거리고 있다는 소식도 또 다른 붕괴 조짐이다. 아파트를 지어도 분양이 되지 않는 현재의 상황 속에서 토지를 계속 개발하여 아파트를 짓는 것이 무의미하다는 판단이다. 단순히 살기 위한 아파트이지만 작은 공간의 아파트에서 좀 더 넓은 공간의 아파트로 이사하는 풍토 속에서 융자금의 이자는 눈덩이처럼 늘어나서 더는 감당할 수 없게 된 것이다. 이제는 아파트를 다시 싸게라도 되팔아서 융자금을 갚아 보려고 몸부림치지만 구매자를 찾기가 쉽지 않다. 이제 더는 아파트가 재산 증식의 수단이 될 수 없음을 보여주는 분명한 신호이다.

바울은 당시 젊은 목회자인 디모데에게 목회적 권고와 더불어 여러 가지 실제적인 삶의 교훈을 서신으로 적어 보냈다. 그 내용 가운데 경제 문제와 관련하여 주는 교훈은 오늘날에도 적용될 수 있는 매우 의미 있는 내용이다. "우리가 세상에 아무 것도 가지고 온 것이 없으매 또한 아무 것도 가지고 가지 못하리니 우리가 먹을 것과 입을 것이 있은즉 족한 줄로 알 것이니라. 부하려 하는 자들은 시험과 올무와 여러 가지 어리석고 해로운 욕심에 떨어지나니 곧 사람으로 파멸과 멸망에 빠지게 하는 것이라. 돈을 사람 함이 일만 악의 뿌리가 되나니 이것을 탐내는 자들은 미혹을 받아 믿음에서 떠나 많은 근심으로 자기를 찔렀도다."딤전6:7-10 아파트 가격하락으로 숨죽이며 고통 속에 하루하루를 보내는 사람들은 누구일까? 아마도 이들 가운데는 단순히 주거용 목적으로 아파트를 구입하고 나서 어려움을 겪는 사람들이 있을 것이다. 하지만, 그들은 아파트 가격의 하락과 상승이 별 의미가 없을 것이다. 왜냐하면, 아파트가 단순히 주거 공간이지 재산 증식의 수단이 아니기 때문이다. 아파트를 구입하여 재산을 늘려보려는 사람들 가운데 많은 융자금으로 아파트를 구입한 사람들은 뼈저린 교훈을 받고 있을 것이다. 하지만, 아파트 가격 하락을 보면서 손뼉 치며 좋아하는 사람들이 분명히 있을 것이다. 돈을 사랑함이 일만 악의 뿌리가 된다는 바울의 가르침이 무엇을 의미하는지 깊이 묵상해 보아야 할 것이다.

아파트 가격 하락은 곧 아파트 공화국의 붕괴를 의미할 수도 있다. 그 붕괴 조짐이 여기저기서 나타나 우리의 미래를 불안하게 한다. 하지만, 미래의 한국 아파트는 단순히 가격 하락만이 문제가 아니다. 미래의 아파트는 결국 도시 문제로 나타날 것이며, 건물 수명을 20-30년으로 볼 때 앞으로 2030-40년부터는 골칫거리가 되는 거대한 콘크리트 괴물로 변할 가능성이 있다. 다시 말해서 한국에서 일상처럼 되어버린 재개발의 결과를 낳는다는 것이다. 아파트를 짓지도 않았는데 그 아파트를 보지도 않고 돈을 미리 지불하는 선분양의 이상한 주택정책 구조 속에 엄청난 수익을 맛보았던 건축 재벌들, 그리고 그 구조를 유지해 준 정부의 주택정책이 바뀌지 않는 한 불안한 미래는 계속 될 것이다. 더욱이 살기 위한 주거 공간으로서의 아파트가 아니라, 재산 증식의 수단이라는 잘못된 개념을 바꾸지 않으면 욕심이 잉태한 결과를 맛보야 할 것이다. 대구가톨릭대학교 전강수 교수는 『부동산 투기의 종말』에서 지금은 아파트 가격이 하락하지만, 인간의 탐욕은 부동산 경기를 다시 끌어올릴 수 있다고 경고한다. 아파트 공화국의 붕괴 조짐을 바라보며 "여우도 굴이 있고 공중의 새도 집이 있으되 인자는 머리 둘 곳이 없도다"눅9:58라고 말씀하신 예수님을 생각하며 현재의 삶에 만족하는 법을 배워야 할 것 같다.

3부 역사 인식과 그리스도인의 사고

역사 인식과 그리스도인의 삶

새로운 한 해를 시작하면서 그리스도인은 어떤 사람인가를 깊이 생각하게 된다. 그리스도인은 역사에 책임을 느끼고 평화, 정의, 자유를 위해 행동하며, 어두운 시대 속에서도 소망을 갖고 앞으로 나아가는 사람이라고 생각된다. 이런 점에서 그리스도인은 역사의 인식과 함께 깊이 고민하는 사람이다. 그리스도인이 이 세상을 살아가면서 동시대를 살아가는 많은 사람 가운데 있다는 사실은 역사 인식의 필요를 암시한다. 올바른 역사 인식의 출발은 그리스도인에게 자신의 삶에 책임지는 행동의 터전을 마련해 준다. 이런 관점에서 그리스도인의 삶은 교회 공동체 안에서만 머물러 있을 것이 아니라, 우리의 사회 현실 속에서, 보다 구체적으로 자신의 삶의 현장 속에서 나타나야 한다. 그 이유는 교회가 생명의 물을 공급한다고 그 우물 안에 머물러 있다면 그 우물은 곧 더 이상 생명의 장소가 아니라 사망의 결과를 가져오는 무덤이 될 것이기 때문이다.

그리스도인이 올바른 삶을 살고 있는지 확인할 수 있는 장소는 교회가 아니라, 삶의 현장인 가정, 학교, 직장, 각자의 일터 및 다른 사람들과 하루하루 부딪치며 살아가는 바로 그곳이다. 교회 안에서는 거의 모든 그리스도인이 천사처럼 행동하며 법이 없어도 윤리 도덕적으로 완벽하게 살아가는 사람처럼 보이지만,

교회의 문을 나서는 순간 그 모든 환상적인 모습의 그림은 거의 대부분 너무도 험악하게 얼룩지고 만다. 한국 사회 속에서 교회와 그리스도인의 신뢰도가 바닥을 치고 있다는 어두운 현실은 기독교윤리실천운동이 조사한 결과에서 이미 밝혀졌다. 그리스도인은 교회 안에서 자신과 비슷한 사람들 하고만 어울리며 살아가고 있는 것이 아니라 이 세상에 속에서 살아가는 사람들이다. 이런 현실은 모든 그리스도인이 싫든 좋든 현재의 역사 속에서 살아가는 사람들이기에 오늘의 문제를 피해갈 수 없음을 암시한다. 그러므로 올바른 역사 인식은 그리스도인의 삶에 필수적인 요소이다.

올바른 역사 인식이 있을 때 그리스도인은 자신의 위치를 확인 점검할 수 있고, 올바른 삶을 위하여 고민하며 행동할 수 있다. 예수께서 그의 제자들을 향하여 "너희는 세상의 소금이요 세상의 빛"(마 5:13-15)이라고 말씀하신 것은 현실 사회 속에서 그리스도인의 역할이 있음을 암시하는 것이다. 왜냐하면, 소금과 빛은 그것이 사용되어야 할 장소가 없으면 아무 의미가 없기 때문이다. 그리스도인의 삶이 교회 안에서만 아니라, 사회 속에서 보다 구체적으로 나타나야 할 것에 대하여 예수께서는 "이같이 너희 빛이 사람 앞에 비치게 하여 그들로 너희 착한 행실을 보고 하늘에 계신 너희 아버지께 영광을 돌리게 하라"(마 5:16)고 말씀하신다. 이것은 그리스도인이 교회만 아니라, 세상에서 벌어지는 여러 가지 일들에도 관심을 갖고 적극적으로 세상 속에서 영향을 미치며 살아가야 할 당위성을 제공하는 말씀이다.

올바른 역사 인식이 있는 그리스도인은 그가 속한 교회 공동체는 물론이거니와 현실 속에서 나타나는 여러 가지 문제들에도 관심을 갖고 성경으로 그 문제들을 보려고 노력하며 대안을 창출하기 위하여 고민하는 사람이다. 현실 상황의 문제들은 대한민국 안에서 벌어지고 있는 여러 가지 문제들과 세계 여러 나라 속에서 일어나는 다양한 일들이다. 이 나라 안에서 나타나는 현실 문제들은, 예를 들면, 경제의 위기 속에서 나타나는 여러 가지 상황들, 이랜드 및 기륭전자 등의 노동자 문제, 경제 대통령으로 불렸던 인터넷 논객 미네르바의 구속과 관련된 일들, 중 고등학교 역사 교과서 개편, 최근에 일어난 YTN, KBS, MBC 방송 및 언론과 관련된 문제, 최근 국회에서 일어난 비정상적인 일들, 남북경색으로 인하여 파생하는 상황들, 계속되는 국세청장의 비리 문제 등등 수없이 많은 일들이다. 세계 속으로 눈을 돌리면 먼저 아프가니스탄의 전쟁 상황, 러시아의 가스 공급 중단 문제, 이스라엘의 팔레스타인 무차별 공격 등등 평화가 무참히 부서지는 암담한 상황과 공의와 정의가 깨진 많은 상황들이다. 그리스도인의 역사 인식은 이런 모든 문제들에서 자유로울 수 없다는 사고에서 출발하며, 이 나라 안과 밖에서 현재 일어나는 교육, 노동, 방송, 언론, 환경, 정치, 경제, 문화, 등등 거의 모든 분야의 상황을 올바로 인식하며 실천적으로 살아가는 삶에서 나타난다.

　　　　　이런 삶 속에 그리스도인의 회심이 있고, 그것은 하나님 앞에서 자신의 삶을 새롭게 결정하게 만든다. 이런 삶은 하나님의 말씀을 역사의 분명한 인식 속에서 읽고 묵상한 결과 나타나는 것이다. 그리스도인이 회심하면 그 결과는 세상을 바꾸어 놓을 수 있고, 적어도 세상을 바꾸는 기초를 놓을 수 있다. 짐 윌리스^{Jim Wallis}가 그의 책 『회심』에서 언급했듯이 그리스도인의 회심은 하나님 앞에서 세상을 새로운 관점으로 똑바로 보는 것이며, 그 속에서 교회의 역할과 그리스도인의 삶을 깨닫고 실천하는 것이다. '예수를 믿는다는 것, 또는 그리스도인이 된다는 것'은 주일 예배 시간에 "예수 믿고 부자 되세요"라는 짝퉁 복음, 거짓 복음에 현혹되어 역사에 무감각하게 살아가는 것을 의미하지 않는다. 올바른 역사 인식 없이 살아가는 그리스도인은 이미 그리스도인이라고 말할 수 없다. 그런 사람은 바로 짝퉁 그리스도인이다. 개혁된 교회도 계속 개혁되어야 한다는 개혁주의 사상은 올바른 역사 인식 속에서 가능한 것이다.

역사의 교훈과 한 해의 마무리

성탄절과 함께 묵은해를 보내고 2010년 새해를 맞이하면서 신앙생활의 새로운 도약을 기원하는 마음이 간절하다. 지난 한 해를 마무리하며 아쉬웠던 점은 여전히 다 이루지 못한 일들과 좀 더 성실하게 예수님의 말씀대로 살지 못한 삶의 흔적들 때문이다. 예수 그리스도께서 인간을 구원하기 위해 이 땅에 오심을 축하하는 성탄절에 아름답게 장식된 성탄나무를 보면서 마음속에 잔잔한 기쁨과 감사가 솟아났다. 아울러 지난 한 해를 돌아볼 때 그 어느 해보다도 많은 일들이 있었던 것을 기억할 수 있었다.

첫째, 우리의 기억 속에 생생하게 남아 있는 일은 사건 발생 345일 만인 지난 12월 30일에 극적으로 타결된 기억하기조차 끔찍스러운 용산 철거민 참사 사건이다. 언제쯤이면 이 땅에 이런 불행한 일들이 되풀이 되지 않고 정의와 평화가 강물처럼 자연스럽게 흘러갈 수 있을지 생각하면 벌써 한숨과 함께 눈물이 고인다. 평화의 왕으로 오신 예수 그리스도를 닮아 살아간다고 하는 그리스도인들이 있지만 너무도 무기력하고 나약한 모습이기에 더욱 가슴이 쓰리다. 더욱 안타까운 일은 나와 관련이 없다는 한 가지 이유로 그 동안 이 사건이 사람들의 관심 밖으로 밀려나서 망각의 늪으로 빠져버린 것이다. 그래도 부족하지만 어느 정도 해결이 되어 다행한 일이다.

둘째, 전직 대통령 두 분과 사랑의 사도라는 별명을 가진 김수환 추기경의 죽음이다. 금년에 우리는 진보적 가치와 함께 민주주의를 실천하려고 했던 고故 노무현 대통령과 행동하는 양심을 호소하며 민주주의 정부를 이룩한 고故 김대중 대통령을 떠나보냈다. 전직 대통령의 죽음과 그리스도인의 삶이 무슨 관계가 있느냐고 묻는다면 한 마디로 대답하기가 그렇게 쉽지 않다. 하지만, 그리스도인의 삶이 하나님의 섭리가운데 운행되는 세상 속에 존재하는 것이라면 세상에서 일어난 그 어떤 일도 의미가 없는 것이 하나도 없기 때문이다. 더욱이 김수환 추기경의 죽음은 우리와 신앙이 다른 천주교의 성직자이기에 쉽게 무시할 수 있을지 모르지만, 천주교 신자들에게 예수님을 가장 많이 닮은 사람이라는 평가를 받은 분이기에 그의 죽음이 더욱 기억에 남는다. 그리스도인이 예수님의 말씀대로 사랑을 실천하며 살아가는 사람이라면 그의 죽음은 그렇게 살지 못한 그리스도인들에게 많은 도전과 함께 부끄러움을 주기 때문이다.

셋째, 헌법재판소가 미디어관련법에 대하여 이해하기 어려운 결정을 하여 국민들이 어려운 숙제를 풀어야했던 일이다. 헌법재판소 전원재판부가 지난번 국회에서 논란 끝에 본회의에서 통과된 신문법, 방송법, IP TV법 등 모든 미디어관련법에 대하여 IP TV법을 제외한 신문법과 방송법은 표결절차에 있어서 분명히 위법을 인정했지만, 그럼에도 종합적인 결론에서는 이해할 수 없는 논리로 합헌을 결정했기 때문이다. 헌법재판소의 최종 결정을 존중해야함에도, 많은 사람들이 법 정신과 상식에 어긋나는 결정이라고 생각한다. 그리스도인들은 헌법재판소의 결정과 함께 우리 교회의 이러

저러한 일들은 불법이지만 하나님의 영광과 교회의 유익이라는 명분을 내세워 성도들을 호도하는 일은 없는지 세심하게 살펴볼 사건이기에 기억 속에 남아있다.

넷째, 또 다른 정치적인 사건으로 세종시 수정 논란이다. 국무총리의 발언으로 점화된 세종시 수정 논란은 아직도 진행 중인 사건으로 그 해결이 그렇게 쉽지 않을 것 같다. 정부는 온갖 방법을 모두 동원하여 국민들, 특히 충청도민들을 설득하려고 하지만 약속을 지키지 않는 대통령과 정부를 국민들이 앞으로 어떻게 신뢰할지 문제는 그렇게 간단해 보이지 않는다. 정부와 청와대는 이미 세종시 수정이라는 결론을 내려놓고 그것을 어떤 방법을 동원해서든지 끌고 가려고 하기 때문에 문제가 풀리기 보다는 더욱 꼬이고 있다. 국민들이 원하지 않으면 원안대로 실행한다는 말은 했지만 이제는 그것도 거짓임이 드러나 버렸다. 이 일이 기억 속에 지워지지 않는 이유는 현재 진행형이라는 이유뿐만 아니라, 국토의 균형발전이라는 가치를 무시하고 온갖 방법을 동원하여 국민들을 호도하며 진실을 가리고 있는 대통령과 이 정부의 모습이 대형교회를 꿈꾸며 성도들을 무시하는 소수의 목회자 모습은 아닌지 염려되기 때문이다.

다섯째, 현재 진행 중인 국회의 2010년도 정부 예산안 통과 문제이다. 문제의 핵심은 정부가 제출한 4대강 사업의 예산안이다. 정부가 4대강 사업을 추진한 것은 한반도 대운하 사업이 절대 다수 국민들의 반대로 무산되었기 때문에 그 대안으로 '녹색성장' 이라는 구호아래 제출된 사업이다. 이전까지 어느 정부도 환경을 정치적 구호로 내세운 적이 없었고, 녹색이란 단어는 시민단체를 통해서만 들을 수 있는 지극히 NGO적 구호였다. 이 정부 초기에 747, 대운하, 공기업 선진화 등등의 경제적 단어가 주로 언급되어 왔었는데 갑작스럽게 녹색이란 단어가 불쑥 튀어나온 이유를 도무지 이해하기 어렵다. 이제는 모든 것이 '녹색' 일변도이다. '녹색' 이란 이름만 붙이면 모든 환경 문제가 해결되는 것처럼 국민들을 호도하는 모습이다. 이 정부 초기에 추진한 대운하가 4대강 사업으로 대체 되면서 꿩 대신 닭이라고 대운하는 안 되겠으니 4대강 정비 사업이라는 명분 아래 '녹색성장' 이란 구호로 대운하를 덮어서 진행하고 있다는 의심이 지워지지 않는다. 그 이유는 정부가 제출한 4대강 사업의 예산이 처음 제출한 예산의 두 배가 되어 대운하의 예산과 거의 같기 때문이다. 이 문제로 국회에서 정부의 예산안이 아직도 통과 되지 않고 있다.

묵은해를 보내고 새해를 맞이하면서 그리스도인으로서 올바른 생각과 역사가 주는 교훈을 망각하지 않기를 다짐해 본다. 예수 그리스도의 말씀을 우리의 삶 속에 구체적으로 실천하면서 살아가는 우리들의 남은 생애가 되길 소망하며, 주님의 은혜 가운데 새해를 맞이하는 기쁨이 독자들에게 가득하기를 기원한다.

올림픽과 그리스도인의 사고

중국 베이징의 올림픽 주경기장 냐오차오
鳥巢, 새 둥지에서 2008년 8월 8일 제 29회 여름 올림픽이 성대하게 막을 올린 이래 요즈음 뉴스의 대부분이 올림픽에 관한 내용이다. 대부분의 국민들은 올림픽 경기에서 메달을 획득하는 선수들의 소식을 들으면서 기분 좋게 하루를 보내기도 한다. 올림픽 경기 장면에서 선수들이 승리하기까지 실제로 손에 땀을 쥐게 하는 순간들을 볼 때만큼은 선수와 온 국민들이 혼연일체가 된 것이 분명하다. 우리나라 선수가 한 경기에서 우승하여 금메달이 확정되는 순간 모든 국민들은 박수를 치며 마치 자신이 금메달을 획득한 것처럼 좋아한다. 그렇지만 이와는 반대로 금메달을 따지 못하는 선수들의 경우에 그들이 올림픽을 위하여 준비한 땀과 노력은 아무런 평가도 받지 못하고 있는 것 같아서 마음이 씁쓸하다. 금메달을 획득한 선수가 그 기쁜 순간에 웃음보다는 눈물을 하염없이 흘리는 이유가 메달 권에 들어가지 못한 선수들의 이름이 연기처럼 사라져버리는 승자 독식의 문화를 잘 알기 때문이 아닐까 생각해 본다.

고대올림픽은 기원전 776년 이래 주기적으로 매 4년마다 올림피아 언덕에서 제우스신에게 바치는 그리스 사람들의 제전행사로 종교, 예술, 군사훈련 등이 삼위일체를 이룬 헬레

니즘 문화의 결정체였다. 그렇지만, 그리스가 로마의 지배를 받으면서 고대올림픽은 헬레니즘 문화와 함께 몰락의 길로 접어들었다. 기독교를 로마 제국의 국교로 정한 테오도시우스 황제Theodosius I는 393년 올림픽 제전을 이교도들의 우상숭배로 규정하고 이를 폐지하는 칙령을 선포함으로써 고대올림픽의 역사는 막을 내리게 되었다. 이후 오랜 기간이 지나서 근대 올림픽이 1896년 그리스의 아테네에서 처음 시작되어 오늘에 이른 것이다. 근대 올림픽의 창시자라고 할 수 있는 프랑스의 쿠베르탱Pierre Frédy, Baron de Coubertin은 1908년 제 4회 런던 올림픽에서 "인생에서 가장 중요한 것이 성공보다는 노력인 것처럼 올림픽 경기에서 가장 중요한 것은 승리가 아니라 참가다. 이기는 것이 아니라 잘 싸우는 것이 중요하다"는 올림픽 정신의 정수가 담겨 있는 말을 했다. 그렇지만 이런 올림픽의 순수한 정신은 많이 흐려졌고, 자본주의의 정신과 맞물려 상업성만 난무하고 정치적인 이용으로 얼룩지게 되었고, 선수들의 무한 경쟁만이 남아서 활개를 치고 있다.

올림픽은 이제 단순히 국제간의 평화와 우의를 다짐하는 순수한 경기가 아니라 정치와 경제가 함께 뒤섞인 이상한 행사가 되고 말았다. 올림픽이 열리고 있는 중국에서도 평화의 빛보다는 불안의 그림자가 더 짙어 보인다. 신장新疆 위구르 자치구에서 계속해서 발생하고 있는 폭탄테러로 베이징은 초긴장 상태다. 올림픽의 상업화는 이미 오래전에 시작된 일이어서 새삼스럽지도 않다. 올림픽의 정치적 이용도 거의 대부분의 국가에서 볼 수 있는 현상이다. 정치적으로 불리하고 민감한 사건을 깊숙이 잘 묻어두었다가 올림픽 개막을 전후로 뉴스거리가 되게 하여 사람들로 하여금 올림픽에 정신이 팔려있어 문제의 실체를 파악하지 못하게 만드는 일들이 올림픽의 정치적 이용의 한 모습이다.

바울은 당시 그리스에 있었던 운동경기에 비유하여 그리스도인의 믿음 생활을 교훈한다. 고린도전서 9장 24절에서 바울이 "운동장에서 달음질하는 자들이 다 달릴지라도 오직 상을 받는 사람은 한 사람인 줄을 너희가 알지 못하느냐 너희도 상을 받도록 이와 같이 달음질하라"고 교훈한 것은 고대 운동경기 종목 가운데 하나인 달리기를 비유한 것이다. 이 비유에서 중요한 교훈은 그리스도인의 삶이 상을 얻는 것이기 보다는 상을 받기 위하여 절제하고 목표를 바라보고 끝까지 잘 달리라는 것이다. 또한 바울이 고린도전서 9장 26절에서 "싸우기를 허공을 치는 것 같이 아니하며"는 고대올림픽의 한 종목이었던 격투기를 의미하는 것으로 그리스도인의 삶을 격투기에 비유하면서 삶의 분명한 목표가 있어야 함을 교훈한 것이다. 바울은 승리하기를 원하는 모든 사람들이 모든 일에 절제하여 승리의 월계관을 얻는다고 말하면서 그리스도인의 삶이 이와 같아야 함을 비유로 교훈한다._{고전9:25}

올림픽 경기에서 금메달을 획득하는 것을 목표로 준비하고 노력하는 것은 당연하지만, "이기는 것만이 아니라 잘 싸우는 것이 보다 중요하다"는 올림픽의 순수한 정신을 잊지 않아야 한다. 이런 점에서 메달을 획득한 선수들을 칭찬하는 것처럼 그렇지 못한 선수들에 대해서도 격려와 지원을 아끼지 않는 것이 필요하다. 이번 올림픽에서 메달을 획득하지 못한 선수들이 새로운 소망을 가지고 다시 4년을 기다리며 다음 올림픽을 준비하도록 격려하는 것이 중요하다. 그리스도인들은 바로 이런 선수들과 사회의 그늘진 곳에서 살아가는 사람들을 격려하며 소망을 주는 일을 깊이 생각하며,

올림픽의 메달 소식에 일희일비一喜一悲할 것이 아니라 세상을 직시하는 안목을 가져야 할 것이다.

평화의 복음

금년 2008년은 대한민국 건국 90년, 광복 63년, 정부수립 60주년이 되는 해이다. 동시에 조선민주주의인민공화국이 수립된 지 60주년이 되는 해이기도 하다. 자랑스러운 이름 '대한민국' 大韓民國이란 연호가 처음 사용된 것은 1919년 4월 13일 '상해 대한민국 임시정부' 에서 부터이다. 대한민국 헌법 전문은 "유구한 역사와 전통에 빛나는 우리 대한국민은 3·1운동으로 건립된 대한민국임시정부의 법통과 불의에 항거한 4·19민주이념을 계승하고"라고 시작된다. 대한민국 헌법 전문은 대한민국 헌법의 조문 앞에 있는 공포문公布文으로 헌법 제정의 역사적 과정, 목적, 헌법 제정권자, 헌법의 지도 이념이나 원리 등을 규정하고 있다. 일본의 침략에 분연히 항거한 이봉창 의사의 결의 선서문에는 "대한민국 13년 12월 13일 선서인 이봉창"이라고 쓰여 있고, 윤봉길 의사가 의거를 결의한 선서문에는 "대한민국 14년 4월 26일 선서인 윤봉길"이라고 쓰여 있다. 이런 점에서 이명박 정부가 2008년을 건국 60주년이라고 계속해서 강조한다면, 북한이 붕괴되었을 때 우리가 북한을 같은 민족이라고 말할 논리적 근거가 없어지게 된다. 왜냐하면 2008년이 대한민국은 북한과는 완전히 다른 건국 60주년을 맞이하는 신생국가가 되기 때문이다. 더욱이 이런 정부의 논리라면 독도는 1948년 대한민국이라는 신생국이 탄생하기 전에 일본이 점령했던 땅이기에 일본에게 돌려줄 수밖에 없는 비극적 결과를 가져오게 된다.

최근의 북한 소식 가운데 김정일의 건강 악화 소식은 북한의 정치적 불안을 예측할 수 있게 할 뿐만 아니라, 지금까지 지속된 남북의 평화적 관계도 위협받을 수 있다는 걱정을 하게 만든다. 더욱이 지난 10년간의 남북관계를 잘못된 비정상 관계로 인식하고 있는 이명박 정부는 남북관계의 지속성을 하루아침에 무력화 시켰다. 이런 정치적 기류 속에서 북한 김정일의 건강 악화 소식은 막연하지만 평화를 위협하는 하나의 가능성이 될 수밖에 없다. 이명박 정부의 거의 유일한 대북정책인 '비핵개방 3000'은 북한의 비핵화와 개방을 전제로 10년 이내에 북한의 일인당 국민 소득을 3천불로 만들어 주겠다는 구상이다. 그렇지만 이런 정책의 성공은 적지 않은 난관이 예상되기에 남북평화에 대한 소망은 더욱 간절해진다. 북한의 비핵화와 개혁개방은 모든 국민이 동의하는 정책이며, 이것을 통해서 남북이 평화를 유지하며 결국 통일의 날을 꿈꾸며 소망하는 것이다. 오늘날 한반도의 상황은 해방이후 지금까지 계속된 남북분단의 상황으로 규정할 수 있다. 이런 남북분단의 상황 속에서 기독교 복음이 함의하고 있는 가장 중요한 가치는 평화라고 할 수 있다. 결국 남북의 평화에 대한 깊은 관심과 지금까지 겨우 유지된 남북의 평화를 지키기 위한 모든 노력은 이 시대의 기독교가 감당해야 할 가장 중요한 사명 가운데 하나이다.

예수 그리스도는 제자들을 향하여 "화평하게 하는 자는 복이 있나니 그들이 하나님의 아들이라 일컬음을 받을 것"마5:9이라고 교훈한다. 우리가 실제로 매일의 삶에서 경험하는 것처럼 평화를 이루어내며 그것을 유지하는 일은 때때로 성공하지 못할 수도 있다.마10:34-37 더욱이 평화를 이루는 것은 우리가 기대했던 것보다 엄청난 대가를 지불하기도 한다. 예수 그리스도는 인간과 하나님의 관계를 화평하게 하기 위하여 십자가에서 죽어야만 했다. 이런 점에서 신약성경에서 평화는 그리스도께서 십자가에 죽으심으로만 가능한 평화임을 제시한다. 그러므로 누구든지 갈등이 있는 사람들 사이를 화평하게 하려는 자는 예수 그리스도처럼 자기 십자가를 지고 그 분이 가신 고난과 죽음의 길을 따라가야 한다. 그렇지만 하나님의 평화를 실제적으로 경험하기 위하여 치루는 대가는 평화를 누리는 특권에 비교해 볼 때 그렇게 큰 것은 아니다.

신약성경에 사용된 평화의 개념은 경제적, 정치적, 군사적 평화의 의미보다는 영적 개념이 우선한다. 왜냐하면, 신약성경에서 평화는 하나님과 예수 그리스도로부터 기인하기 때문이다. 분단국가라는 상황 속에 살아가는 한국의 모든 그리스도인들이 평화의 상태를 지속적으로 유지하고 살아가는 것은 결코 쉬운 일이 아니다. 남북의 평화적 관계가 살얼음판 같은 느낌을 받는 현시점에서 군사적, 정치적, 이념적 대치 상황이 더욱 심화되지 않도록 정부와 국민은 모든 노력을 기울여야 한다. 평화의 복음을 소유한 한국 교회가 이런 남북의 갈등 상황에서 화평하게 하는 자의 역할을 감당하는 것은 이 시대가 요구하는 일이며 복음이 가르치는 일이기에 실천적으로 적용해야 할 것이다. 그러나 신약성서에서 가르치고 있는 평화의 개념을 정치적이며 군사적인 의미로만 해석하고 적용하지 않도록 조심해야 한다. 현재 한국교회가 남북의 정치적, 군사적, 이념적 대치 상황에서 그 갈등을 해소하고 남북의 평화적 관계를 유지하기

위한 실제적인 노력을 기울이는 것은 매우 중요한 과제로 모든 교단
과 교파를 초월하여 우선적으로 실천해야 할 일이다. 평화의 복음을
소유한 모든 그리스도인들이 한반도의 평화를 유지하는 일에 적극적
으로 행동하기를 소망한다.

평화를 위한 기도회

천안함 사건 이후 한반도의 긴장 고조는 정점을 향하여 달리고 있는 듯하다. 그 이유는 천안함 사건 이후 소망교회 현직 장로인 이명박 대통령이 현재의 남북 긴장 국면에 대하여 "우리는 전쟁을 두려워하지 않지만 전쟁을 원하는 것도 아니다. 이번 군사적 도발에 대해서는 잘못을 인정하고 적절한 조치를 취해야 하며 이는 북한이 잘못된 길에서 벗어나 바른 길로 가게 하기 위한 것이다"라고 규정했기 때문이다. 이런 상황 속에서 국방부는 비무장지대에 그동안 중단하던 대북 심리전을 위한 스피커를 설치하였고, 북한은 대북 심리전을 위한 방송이 재개될 경우 스피커를 조준 타격하겠고 선언한 것이다. 그동안 듣지 못했던 "전쟁"이란 단어가 실감나는 현실이다. 결국 천안함 사건의 발표로 인하여 지난 10년 동안 유지했던 한반도의 평화 기조가 하루아침에 송두리째 다 깨져 버린 느낌이다.

이제는 민군합동조사단의 천안함 사건 발표가 헌법적 권위를 지니고 있는 듯하다. 왜냐하면, 천안함 사건과 관련하여 그 어떤 의혹이라도 제기하면 곧 바로 빨간 색깔을 칠하며 국가에 이적 행위를 한 사람으로 몰아가는 분위기 때문이다. 참여연대가 천안함 사건 발표에 의혹을 제기하며 유엔안전보장 이사회 의장 및 회원 국가들에게 서한을 보낸 것이 이념 논쟁으로 변질되고 있으며, 정부는 이 단체에 대하여 국가에 이적 행위를 한 혐의로 조사를 시작했다. 이미 보수 단체들은 참여연대 앞에 모여 시위를 하며 협박과 함께 이 단체를 파멸시키려고 하는 모습이다. 대부분의 국가에서 활동하는 비정부 기구NGO들은 국민의 입장에서 정부의 정책과 여러 가지 상황을 비판적으로 살피며, 잘못된 것을 바로 잡으려는 노력을 기울이는 것이 특징이다. 아마도 유엔 안전보장 이사회는 전 세계의 수많은 NGO 단체 가운데 하나인 참여연대의 서한에 대하여 우리가 생각하는 만큼 그렇게 진지한 눈길을 주지 않을 것이다. 하지만, NGO 단체를 이해하지 못하는 정부와 여당의 반응은 너무 기가 막혀서 웃음도 나오지 않는다.

천안함 사건으로 말미암아 남북의 평화 시대가 끝난 것처럼 느끼게 하는 현재의 암울한 상황 속에서 6.25 전쟁 60주년을 맞이하여 6월 22일 평화 기도회가 열렸다. 그리스도인들이 함께 모여 기도회를 개최하는 것은 암울한 시기에 적절한 행동이라고 생각한다. 모든 그리스도인들은 이런 어려운 시기에 국가의 안녕과 평화를 위하여 기도해야 할 것이다. 하지만, 문제는 이 평화를 위한 기도회에 초청되어 간증한 인물이 미국 전직 대통령 조지 부시 George Bush라는데 충격과 경악을 금할 길이 없다. 그 이유는 평화를 위한 기도회에 노벨 평화상을 수상한 사람이 아니라, 아직도 끝나지 않은 아프카니스탄과 이라크에서 전쟁을 획책하여 미국 군인만 수천 명이 희생되었고, 침략 대상 국가의 군인 또 민간인까지 합치면 수십만 명이 넘을 것으로 추정되는 전쟁을 일으킨 자를 초청했기 때문이다.

평화를 위한 기도회에 조지 부시가 초청
되어 염려스러운 일은 그가 획책한 정당성이 확보되지 않은 전쟁에
대하여 한국교회가 그와 함께 공범의 반열에 오를 것으로 보이기 때
문이다. 천안함 사건의 발표와 함께 북한을 응징해야 한다는 보수 단
체들의 "전쟁 불사"의 목소리가 커지는 상황 속에서 부시의 간증을
통하여 한국 교회가 잘못된 메시지를 전한 것은 아닌지 매우 염려스
럽다. 정당한 전쟁도 미화되고 용납될 수 없는 상황인데, 너무 쉽게
전쟁을 말하는 현재의 상황은 모든 사람들의에게 마음의 평화를 빼앗
아가 버린다. 어떤 상황 속에서도 전쟁을 막을 수만 있다면 막아야하
고 그래서 평화를 이루어나가야 하는데 자칫 정당한 전쟁은 가능하다
는 메시지를 전하는 상황이 되어서는 안 될 것이다.

신약성서에서 평화는 그리스도인의 삶의
한 모습으로 제시되면서 윤리적 명령으로 주어지고 있다. 히브리서
12장 14절은 "모든 사람과 더불어 화평함과 거룩함을 따르라 이것이
없이는 아무도 주를 보지 못하리라"고 권고한다. 그리스도인이 화평
함을 따르지 않는 삶을 살아간다면 하나님을 볼 수 없다고 분명히 강
조한다. 야고보서 3장 18절에서도 의의 열매는 평화를 이루는 사람들
이 평화를 위하여 그 씨를 뿌려서 거두는 열매라고 말하면서 평화를
위하여 살아가야 할 것을 교훈한다. 베드로전서 3장 11절도 화평을
그리스도 안에서 부르심을 받은 자들이 실천해야하는 윤리적 실천 항
목으로 제시하며 "악에서 떠나 선을 행하고 화평을 구하며 그것을 따
르라"고 명령한다. 마태복음에서 아기 예수의 탄생은 종말론적 평화
의 왕이 세상에 임한 것으로 묘사하면서 이사야 7장 14절을 인용한
다. 참조. 마1:23 바울의 서신인 로마서 14장 17절에 의하면 하나님의 나

라는 의와 평화의 나라이다.

남북의 긴장 속에서 한반도의 평화를 위한 기도회에 아프카니스탄과 이라크에서 전쟁을 일으킨 장본인을 기도회의 주빈처럼 초청한 주최 측은 수많은 사람들의 피를 흘리게 만든 사람을 초청한 이유를 분명히 말해야 할 것이다. 미국에서 9.11 사태 이후에 국무 위원들이 모여서 "나 같은 죄인 살리신" 찬송가를 부르며 기도하고 전쟁을 획책했다는 소식이 기억난다. 하나님을 부르고 찬송하며 기도한 후에는 전쟁을 통하여 살육을 감행하고 무고한 피를 흘려도 정당한 것인가? 기도회라는 이름으로 모이기만 하면 모든 것이 정당화되는 것이 아님을 명심해야 할 것이다. 더는 이 땅에 6.25 전쟁과 같은 피 비린내 나는 동족간의 전쟁이 일어나지 않고 평화가 깃들기를 위하여 마음을 다하여 기도하자.

신뢰할 수 있는 지도자

지도자를 신뢰할 수 없을 때 그 공동체는 분열의 조짐을 보이기 시작하며 결국 신뢰받지 못하는 지도자는 더욱이 존재할 이유와 근거를 잃게 된다. 지도자를 신뢰할 수 없는 공동체에 소속된 사람들은 그 자체로 이미 불행을 맛보고 있는 것이며, 그 공동체는 식물인간처럼 기능이 마비된 채 겨우 생명을 부지하고 있을 뿐이다. 정치 지도자가 신뢰를 받지 못하면 그 나라의 백성은 이미 참담하고 비극적인 삶에 허덕이게 되고 정치는 실종된다. 교회의 지도자를 신뢰할 수 없을 때 성도의 삶은 비극 그 자체이며, 그 교회는 존재의 의미를 상실하게 된다. 이런 점에서 신뢰는 지도자의 자질로서 하나의 덕목이기 이전에 가장 중요한 필수 요소이다. 공동체의 분열은 지도자를 신뢰할 수 없을 때 나타나는 일반적인 초기 현상 가운데 하나이다. 공동체의 지도자가 신뢰를 받지 못하면 그 공동체는 분열되기 시작하며 결국 송두리째 붕괴될 수밖에 없다는 것은 인간의 역사 속에서 쉽게 찾아 볼 수 있다.

바울은 이미 1세기에 존재했던 고린도 교회가 사람 지도자를 따라 편을 가르고, 저마다 "나는 누구의 편이다"라고 분열의 조짐을 보이고 있다는 소식을 들었을 때, "내 형제들아 글로에의 집편으로 너희에 대한 말이 내게 들리니 곧 너희 가운데 분쟁이 있다는 것이라. 내가 이것을 말하거니와 너희가 각각 이르되 나는 바울에게, 나는 아볼로에게, 나는 게바에게, 나는 그리스도에게 속한 자라 한다는 것이니, 그리스도께서 어찌 나뉘었느냐 바울이 너희를 위하여 십자가에 못 박혔으며 바울의 이름으로 너희가 세례를 받았느냐"고전1:11-13라고 반문하며 고린도 교회 공동체의 일치를 호소했다. 바울이 고린도 교회를 향하여 질책하며, 또한 애정 어린 말로 권면하고 호소한 것은 단순히 말다툼이나 싸움을 그만 두라는 정도가 아니라, 같은 마음과 같은 생각으로 공동체의 일치를 위하여 힘쓰라는 것이다. 고린도 교회가 분열의 징조를 보이기 시작한 것은 그들이 바울을 예수 그리스도의 사도로 신뢰하지 못했기 때문이었고, 이것은 거짓 사도들이 그들을 속였기 때문이었다.

지도자가 신뢰를 잃게 되는 것은 먼저 자기 자신을 속이면서, 거짓으로 공동체의 지체들을 인도할 때 나타나는 보편적인 현상이다. 사람이 거짓을 말하면 어느 일정 기간 동안 그 거짓을 숨기는 것이 가능할지 모르지만, 결국 그 거짓된 속내와 말 바꾸기가 드러나고 시간이 지나면 모든 사람들이 알게 된다. 그렇지만 거짓을 일상의 삶으로 살아왔던 사람은 그 거짓된 것이 드러나도 그 사실을 속히 인식하지 못하는 불행한 사람이다. 왜냐하면, 그런 사람은 거짓된 삶이 자신의 자연스러운 삶의 한 부분이었기 때문에 그것을 인식하지 못한다. 거짓을 말하는 지도자는 사람들에게 몇 가지 수사적 표현을 사용하여 말을 바꾸면서 속일 수 있을지 몰라도 "꼬리가 길면 잡힌다"는 속담처럼 거짓의 본색은 시간이 문제이지 결국 드러나게 되어 있다. 더욱이 거짓은 감추려고 하면 할수록 또 다른 거짓이 동원되며 결국 무의미한 시간 낭비일 뿐이지 드러나게 된다. 그렇지만, 사람은 어리석어서 자신의 거짓을 포기하고 시인하며 회개하기 보다는 말 바꾸기와 또 다른 거짓을 동원해서라도 자신의 신뢰를 유지해 보려고 몸부림친다.

교회 지도자가 신뢰를 잃어버리면 그 교회의 성도는 모두 비극을 맛보게 된다. 그런 공동체는 불신의 깊은 늪 속에서 병들어 신음하며 식물인간처럼 모든 기능이 마비된 채 목숨만 유지하게 된다. 이런 경우 교회의 지도자가 신뢰를 회복하기 위하여 솔직하게 자신의 거짓을 시인하고 회개하면 그 지도자와 공동체가 새롭게 회복될 수 있지만, 그렇지 않고 자신의 권력을 사용하여 거짓을 지적하는 사람들을 징계하고, 자신이 저지른 거짓을 은폐하려고 하거나, 자신을 지지하는 사람들을 동원하여 신뢰 회복을 부추기면 결국 그 공동체는 더욱 깊은 불신의 수렁으로 빠져들며, 그 지도자는 존재의 터전을 잃어버리게 되는 불행을 맛볼 수밖에 없다. 교회의 지도자가 신뢰할 수 없는 자리에 떨어져서 회개하지 않고 또 다른 거짓의 몸부림을 칠 때 결국 그 자리에서 물러나는 경우를 드물지만 찾아 볼 수 있다. 신뢰할 수 있는 지도자를 소유한 공동체는 행복 그 자체이다. 한 나라 뿐만 아니라, 교회와 어느 작은 단체일지라도 그 지도자가 신뢰를 잃어버리면 소속된 모든 사람들은 불행을 맛 볼 수밖에 없다. 사회가 악해지고 불신의 그림자가 더욱 짙어질 때일수록 교회의 지도자들이 신뢰를 잃지 않고 한 줄기 빛처럼 모든 성도들에게 소망을 줄 수 있어야 할 것이다.

단식斷食과 삭발削髮

　　　　　단식과 삭발은 언제부터인가 한국 사회 안에서 자신의 뜻을 관철시키기 위한 투쟁의 수단과 무기, 또는 항의의 구체적인 표현으로 등장하였다. 한국의 정치 현장과 노동의 역사를 돌이켜 볼 때, 한국의 민주화 투쟁과 노동 운동 속에서 단식과 삭발은 빠지지 않는 투쟁과 항의를 위한 단골 메뉴로 등장했다. 최근에 일본의 독도 영유권 주장에 대하여 소수의 사람들이지만 자기의 머리털을 밀어 삭발하며 항의하였다. 독도는 역사적, 지리적, 법률적으로 분명히 대한민국의 영토이다. 그런데 일본 정부가 일본중학교 사회과 교과서 학습지도요령 해설서에 독도 영유권을 명기했다. 이것은 대한민국의 주권을 훼손한 도발행위이며 역사 왜곡이다. 이 분통이 터질 일 때문에 그렇지 않아도 광우병 쇠고기 문제로 시끄러운 나라에 살고 있는 국민들의 속을 박박 긁어서 뒤집어 놓은 것이다. 일본의 과거 잘못에 대하여 다시 사과하라고 요구하지 않겠다던 이명박 대통령의 말이 사그라져가던 불씨에 기름을 부은 결과는 아닌지 의심스럽다. 그러나 분명한 사실은 일본의 과거 불치병과도 같은 독도 영유권 주장이 치료되지 않고 다시 재발한 것이다.

　　　　　단식과 삭발은 항의와 투쟁을 위한 전투

적 수단의 전형으로 사람들의 뇌리 속에 자연스럽게 인식되고 있다. 최근까지 광우병 쇠고기 수입 반대를 위해서 단식을 하는가 하면, 광우병 쇠고기 반대 촛불 집회를 반대하기 위하여 삭발로 항의하기도 했다. 지난 해 한국과 미국 사이의 자유무역협정Free Tread Agreement에 대한 협상이 이미 끝나서 지금은 국회의 비준 동의를 기다리고 있다. 그렇지만 한미韓美 간의 자유무역협정의 과정에서도 FTA를 반대하는 사람들이 삭발로 투쟁했던 모습을 볼 수 있었다. 또한 지난번 사학법 개정이 되었을 때에도 이것에 반대하는 목회자들이 삭발을 했던 장면을 생생하게 기억할 수 있다.

몇 해 전에는 도롱뇽의 생태 환경을 보호하기 위하여 경부 고속 전철의 천성산 터널을 막겠다는 의지로 지율이라는 여성 승려가 100일간 단식을 하였다. 이 일이 사회적으로 큰 논란이 되어 환경 문제에 커다란 화두를 던지기도 했다. 환경 파괴를 이유로 터널 계획에 반대하는 시위를 단식이라는 수단으로 무기를 삼아 투쟁한 실례이다. 이렇듯이 단식과 삭발은 어떤 주장을 관철시키기 위한 투쟁의 수단과 무기로 자주 등장하고 있다.

삭발에 대한 성경의 기록은 욥기 1장 20절("욥이 일어나 겉옷을 찢고 머리털을 밀고 땅에 엎드려 예배하며")과 사사기 16장 19절("들릴라가 삼손에게 자기 무릎을 베고 자게하고 사람을 불러 그의 머리털 일곱 가닥을 밀고 괴롭게 하여 본즉 그의 힘이 없어졌더라")에 나타난다. 욥의 경우는 극한 고통과 슬픔을 표현한 경우로 하나님께 투쟁한 것이 아니고 오히려 그 후에 하나님께 예배를 드린다. 삼손은 자기 머리털을 스스로 삭발한 것이 아니다. 성경은 제사장들에게 머리를 삭발하여 대머리처럼 하지 말 것을 요구한

다. 참조. 레21:5; 겔44:20; 미1:16

　　　　그리스도인들에게는 단식과 삭발보다는 금식이 익숙한 단어이다. 단식이나 금식은 모두 음식을 먹지 않는 것을 의미한다. 그러나 금식은 기도의 다양한 모습 가운데 한 가지 형태로 자기의 뜻을 관철시키기 위한 투쟁의 수단과 무기가 아니라 하나님의 뜻을 헤아리는 것이다. 야곱이 얍복 나루에서 하나님과 겨루어(?) 축복을 얻어냈다는 내용을 오해하여 하나님과 투쟁하듯이 자신의 뜻을 관철시키기 위하여 금식하며 끈질기게 매달려야 한다는 것은 잘못된 생각이다. 창32:21-32 금식하며 기도하는 것은 하나님과 싸우는 투쟁의 도구가 아니다. 금식은 전적으로 내 뜻을 포기하고 하나님의 뜻을 따르려는 겸손하고 경건한 행위이다.

　　　　예수께서 "너희는 금식할 때에, 위선자들과 같이 슬픈 기색을 띠지 말아라. 그들은 금식하는 것을 남에게 보이려고 얼굴을 흉하게 한다. 내가 진정으로 너희에게 말한다. 그들은 자기네 상을 이미 받았다"마6:16라고 말씀하셨다. 그리스도인들에게 금식은 자신의 뜻을 이루기 위한 수단과 무기로 사용되지 않아야 한다. 금식은 하나님과 투쟁하기 위한 무기가 아니라, 자기 자신을 전폭적으로 하나님께 투항하는 것이다. 금식은 우리가 하나님께 항복하는 것, 우리의 의지를 포기하는 것, 하나님의 뜻에 모든 것을 맡기는 것이다. 그리스도인들에게 금식이 하나님과 투쟁의 도구로 오용되지 않기를 소망한다. 그리스도인들이 삭발과 금식 또는 단식을 너무 감정적으로 항의와 투쟁의 수단으로 삼지 않기를 기대한다.

공평과 정의

새로운 한 해를 시작하면서 한 가지 소망한 것은 공평과 정의가 물같이 흐르는 세상을 조금이라도 맛보는 것이었다. 공평impartiality이란 어느 한 쪽에 기울지 않고 공정한 것을 뜻하며, 정의justice란 진리에 맞는 올바른 도리를 의미한다. 이것은 하나님께서 인간들에게 보여주신 성품의 한 부분이며, 동시에 그리스도인들의 삶에 나타나야 할 덕목 가운데 하나이다. 아직도 공평과 정의에 대한 소망의 불씨는 희미하지만 여전히 꺼지지 않았다. 이런 소망의 불씨를 우리 그리스도인들 모두가 함께 보여줄 수 있기를 기대하는 마음이 간절하기 때문이다. 물론 세상 속에서 공평을 찾는 일은 쉽지 않다. 세상이 공평하지 않기 때문이며, 많은 사람들이 입으로는 공평을 말하지만 가진 자들과 기득권자들 대부분이 공평한 것을 원하지 않기 때문이다. 그래서 더욱 공평과 정의가 물같이 흐르는 세상을 소망하는 것이다.

새로운 정부가 시작되면서 사회의 거의 모든 분야에 약육강식의 동물적 무한 경쟁 사상이 도입되었다. 무한 경쟁 시대가 되면서 공평은 한 낱 무릉도원을 꿈꾸는 자의 액세서리가 되고 말았다. 모든 것을 경쟁이라는 렌즈로 들여다보는 세상에서 공평은 이제 더는 현대 사회에 어울리지 않는 단어처럼 보인다. 실력과 능력 있는 사람들이 대우를 받아야 하고, 그런 차등 대접을 정의로운 것으로 이해하는 세상이 되었다. 이와 함께 정의도 이 세상에서 환영받는 단어가 아닌 것처럼 보인다. 왜냐하면 정직하면 항상 손해 보기 때문이다. 더욱이 이 세상은 정의가 이기는 것이 아니라, 이기는 것이 정의라고 이해한다. 분명히 세상에 존재하는 것은 눈에 보이는 힘과 여러 종류의 권력이며, 그런 힘과 권력은 공평과 정의를 위하여 사용되기 보다는 불의를 정의로 착각하는데 오용되고 있다. 이런 모습을 구체적으로 보여준 한 가지 실례가 삼성 그룹 사건이라고 말할 수 있을 것이다.

김용철 변호사의 양심고백으로 촉발된 삼성 그룹의 수사는 이건희 전 회장을 경영권 불법승계 혐의로 기소하고 징역 3년, 집행유예 5년, 벌금 1천 100억 원을 선고하였다. 하지만, 이명박 대통령은 기소된 지 얼마 되지 않은 그를 사면하였다. 그를 사면한 이유에 대하여 정부는 2018년 평창 동계올림픽 유치와 대한민국 경제 회복이라는 국익 차원의 관점에서 결정한 것이라고 밝혔다. 하지만, 2010년 2월 7일 국제올림픽위원회IOC의 윤리위원회는 이건희 IOC 위원에 대하여 앞으로 5년 동안 IOC내 어떤 위원회에도 참여하는 권리를 중지시키는 징계를 결정하였다. IOC에서 할 수 있는 최고의 징계인 제명을 제외한 가장 강력한 징계이다. 대한민국의 경제 회복이 죄인 한 사람의 특별사면으로 가능할지에 대한 문제는 예외라고 할지라도, IOC로부터 징계를 받은 그가 2018년 평창 동계 올림픽 유치를 위해 일하는 것은 올림픽정신에 반하는 일이 될 것이다. 우리는 공정하고 정직하며 반칙과 특권이 있을 수 없는 것이 올림픽정신임을 다시 되새겨야 할 것이다.

　　　　　결국 삼성 재벌의 비리를 공개한 김용철 변호사의 양심고백은 이제 역사 속에서 사라지게 될 운명이 되었다. 삼성 비리와 관련된 결과는 결국 "혹시나"에서 "역시나"로 끝나게 된 것이다. 자신의 양심고백으로 1년여 동안 나라를 소란스럽게 한 김용철 변호사가 최근에 『삼성을 생각한다』라는 책을 출판하여 그동안의 일을 정리했다. 그는 이 책에서 "아이들에게 '정직하게 살라'고 권해도 불안하지 않은 사회가 되면 좋겠다. '정직하게 살면 손해 본다.'는 생각이 현명한 것으로 통하고 '손해 보더라도 정직해야 한다'는 생각은 순진한 어리석음으로 여겨지는 사회에서, '정직하게 살아야 한다'고 배운 아이들이 커가는 일을 차마 지켜볼 자신이 없다"447쪽고 한다. 그는 이 책을 쓴 이유를 "삼성 재판을 본 아이들이 '정의가 이기는 것이 아니라, 이기는 것이 정의'라는 생각을 할까봐 두려워서" 448쪽라고 밝힌다.

　　　　　구약 성경은 "공평과 정의를 행하는 것은 제사를 드리는 것보다 여호와께서 기쁘게 여기신다"잠언21:3라고 한다. 공평하게 행하는 것은 세상 속에서도 교회 안에서도 드러나야 할 윤리 덕목 가운데 하나이며, 정의를 행하는 것은 모든 사람들의 일상적인 삶 속에서 나타나야 한다. 하나님께 예배제사를 드리지만 공평과 정의를 일상의 삶에서 실천하지 않는다면 그것은 가증한 종교 의식일 뿐이요, 심판을 자초하는 일이 될 것이다. 공평과 정의를 행하기에도 부족한 우리의 물질과 시간인데, 강남의 도시 한 복판에 거대한 예배당 건축 계획을 발표하고 모든 성도들을 '거룩한 땅 밟기'와 '성전 건축'으로 몰아가는 사랑의 교회 모습을 보면 씁쓸하기만 하다.

　　　　　과연 그렇게 거대한 예배당 건축이 공평

과 정의를 행하는 것보다 하나님께서 기뻐하실 일일지 의심스럽다. 예배당 건축에 앞서 '거룩한 땅 밟기'와 '성전 건축'이라는 표현을 사용하면서 마치 세계 선교와 한국 교회를 위하여 거룩한 일을 시도하고 있는 것처럼 보이려는 모습을 보면 할 말을 잊게 한다. "거룩한 땅"은 이 세상에 없음에도 불구하고 사랑의 교회는 예배당 건축 부지가 마치 거룩한 땅인 것처럼 성도들을 호도하며, 오늘날의 예배당이 구약 성경의 성전이 아님에도 그렇게 부른다. 사랑의 교회 예배당 건축에 대하여 지역 내의 여러 크고 작은 교회들과 적지 않은 사람들이 걱정과 우려 속에서 건축에 대한 부정적 의견을 표출하고 있다. 공평과 정의는 힘의 균형이 깨질 때 이루어 질 수 없다는 사실을 알기 때문일 것이다. 세상의 소금과 빛인 그리스도인들이 자신에게 주어진 삶의 영역에서 공평과 정의를 실천하는 한 해가 되길 다시 기원한다.

4부 한국 민주주의와 정치를 바라보는 그리스도인

그리스도인 렌즈로 본 한국 민주주의

2009년 5월 23일 고^故 노무현 제 16대 대통령의 갑작스런 서거 이후 한국 민주주의의 후퇴에 대한 염려와 관심이 봇물 터지듯 각처에서 시국선언으로 나타나고 있다. 서울대 교수들의 시국선언을 시작으로 중앙대 교수들 및 각 대학 교수들의 시국선언이 전국적으로 번져나가고 있다. 교수들의 시국선언에서 빠지지 않는 항목은 한국 민주주의 후퇴를 언급하며 이명박 정부가 집회와 결사의 자유를 제한하지 않아야 한다는 목소리이다. 한국 민주주의 후퇴를 염려하는 시국선언은 교수들뿐 아니라 문인들, 종교계와 지식인들, 각 대학의 학생대표들 등 점차 다양한 단체들로 들불 번지듯 확산되고 있다. 이런 시국선언의 혼미한 정국 현상에 대하여 오히려 교수들의 시국선언을 비난하면서 이 선언에 동참한 교수들의 수가 전체 숫자에 비하여 극히 적은 숫자이기에 대표성이 없다고 폄하하거나, 그들이 진보 개혁 성향의 인사들뿐이라며 색깔론 또는 이념 대립의 렌즈로 보려는 사람들도 있다.

최근에 전국 대학의 법학 교수 165명이 '촛불 재판' 개입 파문으로 사퇴 압력을 받고 있는 신영철 대법관에 대하여 국회의 탄핵소추권 발동을 촉구하는 성명을 냈다. 법학 교수들이 이런 성명을 발표할 수밖에 없었던 것은 법관의 재판 독립권은 자유민주주의의 핵심 보루이며 요체이기에 자칫 노무현 대통령의 급작스러운 서거로 묻혀버릴 위기에 처한 신대법관의 사건에 대하여 문제를 분명히 제기한 것이다. 성명을 발표한 법학 교수들은 신 대법관의 '촛불 재판' 개입을 한국 자유민주주의의 후퇴라고 분명히 인식하며 법학 교과서에 있는 내용이 무시되는 현 시국을 묵과할 수 없었던 것이다. 자유민주주의의 기본 요소인 집회 및 결사의 자유가 우려할 만한 수위에 놓여있는 현실은 노무현 대통령의 서거와 관련하여 덕수궁 앞에 시민들이 자발적으로 차려놓은 분향소에 사람들이 자유롭게 접근하지 못하도록 경찰이 차벽을 설치한 일이나, 서울 광장을 차벽으로 막아 놓은 사건에서도 분명하게 드러났다. 이런 일련의 현상은 이명박 정부가 시작된 이래 한국 민주주의가 후퇴하고 있다는 사실을 분명하게 보여주는 단적인 증거이다.

대한민국에 살고 있는 그리스도인으로서 한국 민주주의의 현 상황을 바라보는 시각은 일반 시민들과 크게 다를 수 없다. 왜냐하면 그리스도인들은 이 나라 안에 살아가고 있기 때문이며, 자유민주주의 정치 체제 아래서 신앙의 자유를 누리고 있기 때문이다. 바울은 그리스도인들이 이 땅에서 믿지 않는 자들과 어울려서 함께 살아갈 수밖에 없음을 분명히 인식하고 있었기에 고린도교회 성도들에게 "내가 너희에게 쓴 편지에 음행하는 자들을 사귀지 말라 하였거니와 이 말은 이 세상의 음행하는 자들이나 탐하는 자들이나 속여 빼앗는 자들이나 우상 숭배하는 자들을 도무지 사귀지 말라 하는 것이 아니니 만일 그리하려면 너희가 세상 밖으로 나가야 할 것이라"고전5:9-10고 말한 것이다. 물론 성서는 민주주의에 대하여 명확한 언급이 없고, 그리스도인은 자유 민주주의가 반드시 절대적으로 올바른 정치 제도이기에 지지하는 것이 아니라, 다른 여러 정치 대안보다 현실적으로 가장 합리적이며 타당한 정치사상이고 이념이기에 동의할 뿐이다.

최근 자유민주주의 정치사상과 연계하여 민주적 운영을 토대로 새로운 교회 정치 체제를 표방하면서 시작된 작은 교회들이 있다. 이들은 교회가 민주적으로 운영되는 것이 올바른 길이라고 믿고 성도들의 적극적 참여와 모든 교회의 운영에 있어서 민주적 절차를 존중하며 현존하는 교회들의 비민주적 요소와 관련된 부정적 모습을 비판하고 있다. 물론 교회가 잘못된 부분은 항상 지적 받아야 하고, 개혁된 교회도 개혁되어야 하는 것이 마땅하다. 그렇지만 민주주의 정치 이념을 교회에 그대로 적용할 경우 성서가 가르치는 교회의 모습에서 변질될 우려가 있다. 교회가 민주적으로 운영되어야 한다는 개념을 자칫 정치사상과 이념이라는 관점에서만 접근한다면 이것은 성서가 가르치는 교회의 모습과 달라질 수 있기 때문이다. 특히 민주적 교회 운영 및 성도의 참여를 다수결의 원칙과 이에 따른 여러 민주적 요소를 교회에 단순히 적용하면 교회는 정치 집단이 될 수 있을지 몰라도 성서가 가르치는 교회의 모습이 아닐 수 있어서 심히 염려된다. 민주적인 교회 운영을 토대로 시작되는 교회 현상은 현재 한국 교회가 성도들의 의견을 무시하는 목회자들에게서 볼 수 있듯이 지극히 독단적이며 상식에도 어긋난 교회 운영 때문임을 반증한다. 교회가 민주적인 의사 결정의 한 방법인 다수결의 원칙도 포용하지만, 다수의 견해가 하나님의 진리를 무시하거나 위배될 경우 다수의 견해일지라도 따르지 않아야 하고 오히려 소수의 견해가 진리를 드러낸다면 그것을 따라야 하는 것이 성서의 가르침이다.

　　　　그리스도인이 현재의 한국 민주주의를 바라볼 때 우려하지 않는다면 민주주의 이념과 그 요소가 무엇인지 모르거나, 현재의 시국선언 상황을 올바로 인식하지 못한 경우일 것이다. 그리스도인들이 현재의 정치 상황 속에서 정치적 대안으로 민주주의 정부를 지지하는 것이라면 법학 교과서에서 가르치는 자유민주주의 요소들이 무시되지 않도록 현재의 상황을 함께 직시하며 내가 살아가는 문제로 인식할 필요가 있다. 그리스도인들이 바른 시각으로 자유민주주의를 인식하며 현재의 상황을 깊이 인식할 때 교회의 비민주적 요소도 제거될 가능성이 있고, 이 나라를 위한 기도와 이에 따른 적절한 행동도 나타날 수 있을 것이다.

새해 예산안

매년 12월이면 거의 대부분의 교회에서 새해 예산안을 심의하고 결정하게 된다. 성경은 그리스도인들이 규모 있고 절제된 생활을 해야 한다고 가르치고 있기에 우리는 새해를 맞이하면서 새로운 삶의 계획을 세운다. "계획은 사람이 세우지만 결정은 주님께서 하신다. 네가 하는 일을 주님께 맡기면, 계획하는 일이 이루어질 것이다."잠16:1, 3, 표준 새번역 이런 점에서 우리가 새해를 맞이하면서 하나님이 주시는 지혜를 가지고 일 년 동안의 살림살이에 대한 새해의 계획을 세우는 것은 믿음의 행위이며 올바른 일이다. 물론 우리가 계획을 세우지만 모든 결정은 하나님께서 하신다는 생각과 우리가 계획한 일들이 이루어지도록 겸손히 주님께 맡겨야 한다는 것을 잊지 말아야 한다.

정부의 2011년도 새해 예산안을 국회에서 여당 단독으로 날치기 통과시켰다. 그 참담함은 절망 그 자체이다. 국가 예산안은 수입 지출의 균형과 더불어 씀씀이가 얼마나 유효적절한가를 세심하게 고려하면서 신중하게 따져보며 결정해야 할 부분이다. 특별히 예산안을 확정하기 위하여 세수稅收 부분을 심각하게 고려하면서 지출을 결정해야 하기 때문에 예산안을 다루는 일이 단순한 작업은 아니다. 정부가 국회에 제출한 새해 예산안 규모는 숫자상 그 규모가 너무 커서 일반 서민들이 가늠하기는 쉽지 않다. 바로 이런 점 때문에 정부의 예산안은 모든 국민들이 납득할 수 있도록 투명하고 잘 이해할 수 있도록 분명한 근거가 제시되어야 한다. 더욱이 일반 국민들은 신문과 방송을 통해서 전달되는 분석 평가된 자료와 정보를 통해서만 그 내용을 알 수 있기 때문에 정부의 예산안은 세부 항목에 대한 투명성과 그 근거 제시가 매우 중요하다.

2008년 12월에 이명박 정부가 세워지고 처음 제출한 정부 예산안은 그 당시 신문 지상을 통해서 알려진 것처럼 4대강(한강, 낙동강, 금강, 섬진강) 하천 정비 사업비 7,900억 원이 최대 쟁점이었다. 정부는 이 예산안이 홍수 대비용 물길 정비에 대한 것이라고 설명했다. 그 당시 신문을 통해 알려진 바에 의하면 예산 내역이 어떤 강의 어떤 사업에 얼마를 쓸지 등의 구체적인 내용이 없고, 4대강 사업비 전체 예산은 2008년의 예산(1,836억 원)과 비교해 볼 때에 비해 무려 243%가 늘어났으며, 4대강 가운데 낙동강에 전체 예산의 절반이 넘는 4,469억 원이 책정돼 있었다. 이런 점에서 이 사업이 한반도 대운하를 다시 시작하기 위한 정부의 꼼수가 아닌가하는 의심의 눈초리가 있었던 것이다. 그 때나 지금이나 달라진 것은 별로 없다. 달라진 것이 있다면 날치기가 있을 뿐이다. 국회는 국민들을 대표해서 정부가 제출한 예산안 내역을 꼼꼼하게 점검하면서 예산을 신중하게 확정해야 한다. 특히 국회는 막대한 예산이 책정된 4대강 정비 사업 예산에서 잘못된 부분을 철저하게 찾아내야 하며, 불필요한 부분에 대한 예산을 과감하게 삭감해야 한다. 그리고 그 삭감된 예산은 경제위기를 맞아 고통을 당하게 될 사회의 가난하고 어려운 계층을 돕기 위한 사회 안전망 구축과 복지 예산 등으로 사용되도록 해야 한다. 하지만, 이제는 모든 소망이 물거품이 되었다.

교회의 새해 예산안도 이런 점에서는 정부의 예산안을 확정하는 일과 일반적인 원칙에서 크게 다를 수 없다. 다시 말하면, 교회의 새해 예산안도 그 항목에 있어서 할 수 있는 만큼 보다 구체적이며 투명하게 제시되어야 한다. 더욱이 예산을 세운 항목들과 함께 수입 부분을 고려하면서 꼭 필요한 지출 계획을 세워야 한다. 교회의 새해 예산안에서 항상 어려운 것은 수입보다 거의 대부분 지출 부분이라고 할 수 있다. 특히 지출 예산안 가운데 담임목회자 및 여러 사역자들의 한 달 생활비에 해당하는 교역자 사례비 책정이 가장 어려운 항목일 것이다. 실제로 교회에서 목회자 사례비 항목의 지출 예산안을 논의하며 결정하는 가운데 일반 성도들 또는 장로들과 목회자 사이에 보이지 않는 갈등을 빚어내기도 한다. 교회가 실제로 심각하게 고려해야 할 새해 지출 예산 항목이 있다면 그것은 다른 어떤 항목보다 담임목회자와 함께 일하는 사역자들의 생활비이다. 교회의 한 교육 부서를 맡아서 일하는 사역자들은 결혼한 경우에 한 가정의 가장으로 처와 자식을 부양해야하는 책임을 맡고 있기 때문이다. 그렇지만 이들에게 지출되는 한 달 생활비 명목의 사례비는 한 부서만 책임지고 있고, 일주일에 한번만 사역하는 소위 파트타임part-time 사역자라고 해서 최저 생계를 유지하기 어려운 실정인 경우가 너무 많다. 더욱 놀라운 사실은 그들이 받는 한 달 사례비로 실제 생활이 불가능하다는 사실을 누구라도 알 수 있는 액수이지만 교회에서는 아무도 그 부분을 말하지 않고 당연시하고 있다는 것이다.

교회의 사역자들에게 지출되어야 하는 한 달 생활비 지출 예산은 최소한 매년 이맘때쯤이면 정부가 발표하는 한 달 최저 생계비가 기준이 되어야 할 것이다. 교회의 사역자 가족이 최소한의 생계가 유지될 수 있도록 교회가 지출 예산을 책정해야 함에도, 그보다 턱없이 낮은 예산을 세워 놓고 아무런 어려움이나 문제가 없을 것이라는 기대하는 것은 결코 믿음의 행위가 될 수 없다. 교회는 사역자들에게 그들이 일한 노동 시간의 대가로 임금을 계산하여 지불하지 않는다. 왜냐하면 교회의 사역자들은 단순한 시간 노동자가 아니고 소명을 갖고 하나님의 일을 교회에서 책임 있게 감당하는 사람들이기 때문이다. 그러므로 교회의 사역자들에게 지출되는 한 달 생활비를 회사원들에게 매월 노동의 대가로 지불되는 월급이나 봉급으로 말하지 않고 교역자 사례비라고 부르는데, 그 이유는 하나님께서 주신 은사를 서로 나누는 것이기 때문이다. 하나님께서 새해에도 우리에게 쌓아둘 양식이 아니라 일용할 양식 주시기를 기도드린다.

숫자와 인간의 마음

2008년에 실시된 제 18대 국회의원 선거가 우여곡절 끝에 무사히 끝났다. 신뢰할 만한 올바른 정책과 국민을 위한 적절한 정치 공약이 실종된 선거에 46.1%의 투표율은 오히려 지극히 당연한 결과라고 말해야 할 것이다. 이번 선거는 그 결과에 여당인 한나라당도 제 1야당이 된 통합민주당도 모두 마음을 놓을 수 없도록 국민의 표심이 절묘하게 반영된 선거라고 말할 수 있다. 이제 각 정당에서는 이번 선거의 결과인 이 숫자를 놓고 자신들에게 유리한 해석을 하며 국민을 호도할 가능성이 매우 높지만, 그렇게 쉽게 당할 국민이 아님을 알아야 할 것이다. 선거는 결국 투표의 결과인 그 숫자가 말한다. 이번 선거에서도 많은 사람들이 그 숫자에 울고, 웃고, 요동친 것이 사실이다. 민주주의 원리가 다수의 결과를 따르는 원칙에 입각한 것이지만 항상 다수가 옳은 것만은 아니라는 진리를 모두 알고 있다.

국회의원 선거와는 다르지만 한국의 거의 모든 장로 교단들도 총회에서 해마다 총회장을 선출하고, 각 노회에서 노회장을 선출하는 선거를 한다. 또한 각 교회에서는 담임목사의 청빙과 위임, 장로와 안수집사, 권사의 직분을 세우기 위하여 선거가 실시된다. 이런 모든 선거에서도 상황은 조금 다르지만 일반적으로 민주주의 원칙이 적용되어 실시되고 있다. 특히 교회의 선거에서는 투표자의 다수의 유효 투표 결과를 얻는 정도나, 과반수의 유효 투표 결과를 얻는 정도가 아니라, 투표자의 2/3 이상의 유효 투표 결과를 얻도록 요구하는 선거가 많아서 숫자에 더욱 민감하다. 그러므로 교회의 여러 선거들에서도 유권자의 표를 많이 얻어야 하는 상황은 역시 현실 정치에서 보는 것과 거의 다름이 없다. 인간의 마음이 선거와 관련해서 숫자에 따라 일희일비하는 것을 보면서 숫자의 신비와 위력을 느낀다.

일반적으로 선거에서는 숫자가 매우 중요한 것이 사실이지만, 한 교회의 성도의 숫자나 교회 재정의 통계 숫자가 선거에서처럼 사람들의 마음에 신비하게 작용하는 것 같아서 어리둥절할 때가 있다. 교회는 사람의 숫자나 재정의 통계 숫자로 그 힘을 과시하거나 말하는 것이 아님에도, 많은 수의 사람이 모이는 교회와 교회 재정의 통계 숫자가 재정의 많음을 나타내는 교회들이 큰 목소리를 내고, 그 힘을 과시하는 것 같이 보여서 아쉽기 때문이다. 또한 하나님과 그의 아들, 예수 그리스도 그리고 성령님의 놀라운 능력과 세상이 소유하지 못한 복음의 위대한 능력은 교회에서 사라지고 사람들의 눈에 보이고 느껴지는 숫자에 민감한 교회가 된 것처럼 보이기 때문이다. 한 교회를 담임하는 목회자는 교인들이 교회에 모이는 숫자에 민감한 것이 사실이며, 어느 정도 그 마음을 이해하고 동정 할 수 있을 것 같다. 그러나 목회자가 숫자에 민감한 반응을 보이고 그 숫자를 의지하면 결과적으로 거의 모든 성도들을 하나님과 복음의 능력을 믿고 의지하는 사람들로 양육하기보다는 숫자에 민감한 사람들로 교육시키는 결과를 가져온다.

교회는 교인들의 많은 숫자나 교회의 많은 재정 규모의 통계 숫자로 그 힘을 과시하려고 하면 할수록 스스로 복음의 능력을 부인하는 결과가 될 수밖에 없다. 하나님께서는 그의 백성들에게 숫자를 의지하지 말 것을 성경에서 여러 번 분명히 교훈하셨다. 예를 들면, 기드온이 미디안과 전쟁을 준비할 때에 하나님은 기드온에게 나타나셔서 사람의 숫자를 의지하지 말 것을 분명히 말씀하셨다. 사사기 7장 2절은 "여호와께서 기드온에게 이르시되 너를 따르는 백성이 너무 많은즉 내가 그들의 손에 미디안 사람을 넘겨주지 아니하리니 이는 이스라엘이 나를 거슬러 스스로 자랑하기를 내 손이 나를 구원하였다 할까 함이니라"고 하였다. 결국 이 말씀에 복종하여 기드온은 그 숫자를 의지하지 않고 하나님께 순종하여 미디안과 전쟁하려고 처음 모인 사람들 중에 이만 이천 명을 돌려보내고, 남은 군사들이 만 명이었지만 하나님은 이 숫자도 많다고 하셔서 결국 삼백 명이라는 적은 숫자로 미디안과 싸워 승리하였다. 이것은 기드온의 군사 삼백 명을 통해서 미디안과 싸워 승리한 것이 아니라, 하나님의 능력으로 승리하게 하신 것을 보여준다. 통계 숫자가 거의 모든 것을 대변하는 시대 속에서 많은 숫자가 능력을 과시하지만, 교회는 숫자와 상관없이 하나님의 능력을 드러내는 신비한 모습이 계속 유지되어 복음의 참된 능력이 드러나길 소망한다.

정직한 토론과 자유의사 결정

　　　　　　　　최근 대한민국 국회의사당 안에서 벌어지는 여러 가지 불미스러운 모습을 보면서 그리스도인으로서 안타까운 마음과 국민의 한 사람으로 부끄러운 마음을 숨길 수 없다. 정직한 토론이 이루어지지 못하고 자유로운 의사결정보다는 정당의 정치적 이익을 위하여 소수의 의견들이 묵살당하는 것처럼 보이는 모습, 모든 수단과 방법을 동원해서라도 자신들이 옳다고 생각하는 것을 기필코 쟁취하려는 작태를 보면 한숨이 저절로 나온다. 이런 모습을 보이는 국회가 정말 필요한 것인지, 국회의원을 국민의 대표라고 선출할 필요가 있는지 많은 회의懷疑가 든다. 민주주의가 이 지구상의 가장 이상적인 모습은 아닐지라도 현재까지는 대다수의 사람들이 이상적인 정치제도라고 받아들이고 있다. 민주주의의 가장 핵심은 여러 가지가 있겠지만, 그 중에 정직한 토론과 그 과정을 거친 후에 자유로운 의사결정을 통해서 어떤 일들이 결정되고 진행되어지는 것이라 할 수 있을 것이다. 활발한 토론을 통하여 동의하거나 동의할 수 없는 부분들을 서로 인내하면서 합의에 이르려는 노력이 없다면, 그리고 그런 진지한 토론의 결과로 마지막 합의에 이르러 자유로운 의사 결정을 할 수 없다면, 그것은 죽은 민주주의이거나 껍데기만 남은 민주주의일 것이다.

어느 정당이든지 자신들이 국민을 위하여 새로운 법을 제안한다면 사전에 공청회를 통하여 여론을 수렴하고 국민들이 우려하거나 기대하는 것이 무엇이지 귀 기울여 듣고 시간이 걸려도 인내하며 어느 정도 합의에 이르기까지 기다리며 국회에서 정직한 토론을 통하여 국민을 위한 법안이 되도록 지혜를 모아야 할 것이다. 국회 의사당 안에서 자유롭고 정직한 토론 없이 정당의 정치적이며 현실적인 이익만을 위하여 수량적 힘을 사용하여 자신들의 생각만을 관철시키려 한다면 대한민국의 미래는 밝을 수 없을 것이다. 이명박 대통령의 집권 1주년 기념일인 2009년 2월 25일에 국회에서 한나라당이 '문화체육관광방송통신위원회'에서 방송법 일부 개정안 3건과 신문, 등의 자유와 기능보장에 관한 법률 개정안 7건 등 모두 22건을 시간을 가지고 진지한 토론과 자유로운 의사결정에 따른 합의 없이 위원장이 전체 법안을 위원장 직권 상정이라는 법규를 이용하여 기습 상정했다.

대한민국 국회 의사당 안에서 또 다시 이해할 수 없는 일이 벌어진 것이다. 왜 집권 여당인 한나라당이 그렇게 해야만 했을까? 야당의 주장이 너무 터무니없어서 국민들이 다시 경제적 어려움에 빠질까봐 걱정 끝에 그런 것일까? 이런 법안들이 속히 통과 되지 않으면 국민들의 경제가 회복되지 못할 것 같아서일까? 아니면 집권 여당으로서 대통령에게 집권 1주년 기념 선물 보따리가 필요해서일까? 이번에 국회에서 벌어진 일은 또 다시 이 나라의 민주주의가 살아있는지 의심스럽게 만든 사건이다. 국회의 난장판 모습을 본 것이 엊그제 같은데, 국민은 안중에도 없다는 것인가? 왜 우리나라 국회 의사당 안에서 의원들의 진지한 토론을 생중계로 볼 수 없는 것일까? 왜 우리는 시간이 걸릴지라도 토론과 의견 수렴이라는 과정을 통해서 의견을 조율하고 합의에 이르지 못하는 것일까?

이런 일이 국회에서만 벌어지지 않을 것이다. 그리스도인들은 이런 사건들을 보면서 교회의 일들을 심사숙고할 필요가 있다. 교회 안에서는 정직한 토론과 자유로운 의사결정이 이루어지고 있는지 자문해 보아야 할 것이다. 물론 교회가 민주주의 정치 제도를 모두 받아들이는 것은 아니지만 성도들의 정직한 토론과 자유로운 의사 결정이라는 과정은 모든 사람들이 기대하고 있다. 더욱이 다수의 의견이 항상 옳은 것은 아니고, 교회는 소수일지라도 하나님의 말씀인 진리의 길을 선택해야 한다. 그렇지만, 하나님이 어떤 사람을 통해서 어떤 지혜를 주실지 아무도 모르기에 우리는 겸손해야 한다. 이런 점에서 한 사람의 지도자가 아무리 뛰어난 영적 지도력과 올바른 판단력을 가졌다 할지라도 하나님 앞에서 불완전한 존재이며, 나약한 인간이기에 모든 사람에게 자신을 계시하시는 하나님의 뜻을 올바로 따라가기 위해서는 진지한 토론과 자유로운 의사 결정이 필요한 것이다.

교회 안에서 어떤 일을 위한 토론과 자유로운 의사 결정에 이르기까지는 많은 시간이 걸리고 여러 가지 종류의 아픔과 상처가 있을 수 있다. 그렇지만, 이런 과정을 무시하면 더 큰 어려움이 있을 수 있다. 모든 일을 신속히 해치우려는 생각과 행동에서 독단이 나타나며 바로 그 때 다른 사람들의 견해는 무시되고 진지한 토론 없이 어떤 결정들이 하나님의 뜻이라는 미명아래 이루어지는 것이다. 교회가 하나님의 뜻을 따라 어떤 일을 결정할 때 모든 사람에게 임하신 하나님의 뜻을 헤아려서 가장 올바른 하나님의 길을 걸어가기 위한 진지한 토론과 자유로운 의사 결정은 필수불가결한 요소라고 할 수 있다. 이런 점에서 교회 안에서도 진지한 토론을 무시하거나 자유로운 의사 결정을 무시하면 인간적인 교만에 빠질 수 있고, 잘못된 길로 들어설 수 있음을 명심해야 한다. 탁월한 영적 지도자는 다른 사람들의 의견에 귀 기울이며 권고를 잘 듣고 시간이 걸려도 인내하며 모든 사람들의 생각을 함께 모으기 위해 토론하는 과정을 통해서 일을 결정을 하는 지도자이다. 잠언에서 "미련한 자는 자기 행위를 바른 줄로 여기나 지혜로운 자는 권고를 듣는다"잠12:15고 교훈한다.

소통의 부재

소통mutual understanding이란 "막히지 아니하고 잘 통하는 것" 또는 "뜻이 서로 통하여 오해가 없는 것"을 의미한다. 하나님과 인간 사이에 소통이 되지 않는다면, 그것은 무엇인가 막힌 것이 있거나, 뜻이 서로 통하지 않는 것을 의미한다. 이것은 결국 하나님과 인간 사이의 단절, 즉 영적 죽음을 의미한다. 하나님과 사람 사이의 단절은 인간의 일방적인 행동이나 태도 때문인 경우가 대부분이다. 인간의 일방적인 행동이나 태도는 하나님 앞에서 죄지은 인간의 단적인 모습일 뿐이다. 하나님은 항상 인간을 향하여 소통의 문을 열어놓고 있지만 사람들은 열려진 그 문을 보지 못하고 자신의 일방적인 방법으로 하나님과 소통하기를 원한다. 이런 점에서 하나님과 인간 사이의 소통의 부재는 전적으로 인간의 책임이다. 인간이 하나님께 귀 기울여 듣지 못하는 근본적인 이유는 하나님을 인정하지 않기 때문이다. 이 세상에 인간의 몸으로 오신 예수 그리스도는 하나님과의 관계에 대하여 "나와 아버지는 하나"요10:30라고 말씀하시며 진정한 소통이 무엇인지 보여 준다. 하나님과 인간 사이의 소통을 위하여 사람들이 하나님을 하나님으로 인정하며 그 뜻에 귀 기울일 때 소통은 이루어질 수 있다.

소통의 문제는 종교적 상황 뿐 아니라, 우

리 사회의 중요한 화두가 되었다. 물론 종교적 소통의 문제와 사회적 소통의 문제는 차이가 있는 것이 분명하다. 하지만, 소통이란 본래 의미 자체는 크게 다르지 않다. 이명박 정부가 들어선 이후 소통의 문제가 자주 입에 오르내리며 특히 '소통의 부재'를 안타까워하는 목소리가 크다. 하지만, 소통의 부재를 해결하기 위한 이 정부의 진정한 노력은 보이지 않고 일방통행식의 태도만 보여 주기에 실망스럽기만 하다. 왜 이 정부는 국민들과 원활한 소통을 하지 못하는 것일까? 경향신문에서 2009년 7월 3일에 실시한 설문 조사에 의하면 "우리 사회의 소통을 가로막는 가장 큰 원인"으로 "반대 의견에 대한 관용 부족"을 가장 많이 지적했고, 진보와 보수 세력 사이의 이념 문제도 소통을 가로막는 원인 중 하나로 대답했다. 결국 진보와 보수 세력들의 "상대방을 인정하지 않는 일방주의"가 소통의 부재를 가져오는 주요 원인이란 분석이다.

우리 사회의 소통을 가로 막는 중요한 장애물 중 하나는 반대 의견에 대한 관용 부족과 이념 문제뿐 아니라, 우리 사회에 깊숙이 배어 있는 "승자 독식주의" 사상이다. 우리 사회는 승자가 독식하는 정치체제가 받아들여지고 있고, 이런 정치체제 아래에서 소통은 미덕이 아닌 불필요하고 거추장스러운 것이 되고 만다. 누구든지 정권을 획득하는 세력이 상대방 진영을 철저히 배제하며 편 가르기에만 몰두할 때, 소통은 이루어질 수 없다. 이런 정치 현실 속에서는 승리를 위한 일사불란한 소통, 즉 일방통행만이 있을 뿐이며, 소통을 목메어 부르짖는 목소리는 일방통행식 소통 속에 묻혀 버린다. 이와 같은 일방통행식 소통 현상은 권위주의와 맞물려 힘을 얻으며, 소통의 부재를 키우지만, 정작 당사자들은 이것을 의식하지 못한다. 이런 현상이 현재 우리 정치 사회 현실에 나타나고 있어서 답답하기만 하다. 소통의 부재를 체감하며 진정한 소통을 원하는 국민들과 권위주의에 뿌리내린 일방통행식 소통에 익숙한 정부가 평행선을 달리고 있기 때문이다.

소통의 부재는 이 나라의 정치 사회 현실 속에서 뿐 아니라, 이제는 교회 안에서도 예전보다 드물지만 쉽게 볼 수 있어서 안타깝다. 목회자가 교회에서 하나님 말씀의 권위를 입으로 말하지만, 자신의 권위를 더욱 드러내며 일방적인 태도로 성도들을 대할 때 이미 그 교회에서 목회자와 성도들의 소통은 단절되고 일방통행만 있을 뿐이다. 소통의 부재를 해결하지 못할 때, 소통을 위한 두 당사자의 갈등은 깊어지고 문제는 더욱 복잡해진다. 소통의 부재를 해결하기 위하여 가장 필요한 것은 반대 의견에 귀 기울이는 관용이다. 어떤 문제에 대하여 자신의 입장만이 정답이라고 주장하고 상대방의 의견을 듣지 않고 배척할 때 소통은 단절되기 때문이다. 목회자는 교회 안의 다양한 목소리를 진심으로 들어야 하고, 더욱이 그 모든 다양한 목소리가 하나님의 음성일 수 있는 가능성을 열어 놓을 때 소통은 시작될 수 있다. 정치 사회적인 문제에 있어서도 정답이 없는 것이 어쩌면 정상이라고 말할 수 있는데, 서로 자신의 주장만이 옳다고 고집하며 반대의 목소리에 귀 기울이지 않을 때 소통은 이루어질 수 없다.

소통의 부재를 해결하기 위하여 이 정부는 국민의 다양한 목소리에 귀 기울어야 하며, 현 정부의 정책을 반대하는 목소리에도 관용할 수 있어야 할 것이다. 반대 의견에 대한 관용 부족의 원인은 자신이 없고 자존감이 약할 때 자주 나타나는 현상이다. 소통의 부재를 가져오는 권위주의적 태도는 자신의 약점과 단점에 대한 비판을 수용하지 못하고 오히려 그것을 감추기 위한 수단으로 활용하기 때문이다. 권위주의적 태도는 소통을 위한 독약이다. 승자독식주의 태도 역시 진정한 소통을 위하여 청산해야 할 우리 정치의 과제 가운데 하나이다. 소통의 부재를 해소하기 위하여 상대방이 진정 원하는 것이 무엇인지 귀 기울일 필요가 있다. 손바닥으로 하늘을 가릴 수 없듯 일방통행식 소통과 권위주의적 태도는 사람들이 원하는 원활한 소통을 막을 뿐이다. 더는 이 땅에서 편 가르기로 소통을 막는 일이 없기를 소망한다. 이 나라의 정치 사회 속에서 또한 교회에서 원활한 소통으로 막힌 담이 허물어지고 숨통이 트여서 두 팔을 하늘 높이 뻗어 올리는 계절이 속히 오기를 기대한다.

화해와 상생

우리 사회가 반목과 질시, 그리고 분열이 없이 건전하게 유지되기 위해서 화해는 가장 기초적으로 필요한 덕목이라고 말할 수 있다. 하지만, 화해는 일반적으로 가해자가 피해를 당한 사람에게 화해를 요청하는 것이다. 하지만. 피해자가 화해를 요청하는 매우 드문 일이 발생했다면 그런 화해는 설득력이 있고 감동이 있다. 가해자는 화해를 요청하기 전에 잘못을 시인하고 용서를 구한 후에 화해의 길로 들어설 수 있을 것이다. 모든 일이 순리대로 되지 않는 것이 우리 일상의 삶이지만, 어찌됐건 서로 등을 돌린 사람들이 화해한다는 사실은 우리의 지친 삶에 힘을 주는 것이 사실이다. 며칠 전 김대중 전前 대통령이 서거했을 때 북쪽에서는 특별 조문 사절단을 남쪽에 파견했고, 분향소 앞에는 김정일이 보낸 조화弔花가 놓였다. 북쪽의 조문 사절단은 단지 조문만 한 것이 아니라, 우여곡절 끝에 이명박 대통령을 예방하고 짧은 시간이지만 대화를 나누고 돌아갔다. 그동안 단절되었던 남북관계가 가뭄 끝에 내린 단비처럼 오랜만에 다시 만나 대화의 첫 단추를 만지작거렸다는 사실은 일단 긍정적으로 평가할 수 있을 것이다. 하지만, 진정한 화해가 아니더라도 꽁꽁 얼어붙은 남북 관계에 대화가 오고 갔다는 사실만으로도 숨통이 트이는 것은 사실이다.

어리석은 사람들의 죄로 말미암아 하나님과 인간 사이에 단절된 관계도, 이방인과 유대인 사이에 가로막힌 담도 예수 그리스도께서 십자가 위에서 흘리신 피로 말미암아 모두 허물어졌고, 화평이 이루어졌다. 바울은 이 역사적 사실에 대하여 "그(예수 그리스도)는 우리의 화평이신지라 둘로 하나를 만드사 원수 된 것 곧 중간에 막힌 담을 자기 육체로 허시고 법조문으로 된 계명의 율법을 폐기 하셨으니 이는 이 둘로 자기 안에서 한 새 사람을 지어 화평하게 하시고 또 십자가로 이 둘을 한 몸으로 하나님과 화목하게 하려 하심이라"엡2:14-16a고 말한다. 하나님과 죄인인 인간 사이에 그리스도의 피 흘림이란 십자가 희생이 필요했던 것처럼 언제나 화해는 희생을 필수 조건으로 요구하는 것처럼 보인다. 하지만, 화해를 위하여 누가 어떤 희생을 감수할 것인가? 화해와 상생을 위하여 우선적으로 필요한 것은 가해자의 뉘우침과 잘못의 시인이다. 실제로 가해자가 피해자에게 용서를 구하는 것은 생각보다 큰 용기가 필요하다. 피해자 역시 가해자를 용서하며 받아들여 함께 살아가려고 할 때 희생이 따르는 것 또한 사실이다. 하지만, 상생을 위하여 필요한 희생이다.

북한에서 남한으로 화해의 손짓을 보내는 암시를 최근 벌어진 몇 가지 일들을 통해서 어느 정도 엿볼 수 있다. 문제는 북한이 정말 화해의 진정한 손을 내미는 것인지가 관건이다. 하지만, 모처럼 찾아온 해빙 기회를 놓치는 실수가 없기를 기대한다. 기회란 항상 주어지는 것이 아니기 때문이다. 서로 등을 돌리며 상대방을 짓밟고 살아가기 보다는 함께 손잡고 살아가는 상생의 기회가 되기를 소망한다. 또한 우리 사회 속에 뿌리 깊은 갈등과 반목질시 속에서 함께 살아가고자 하는 노력이 증진되기를 기대한다. 하지만, 아직도 한 가지 풀지 못한 우리 사회의 숙제인 용산참사 문제에 대하여 정부는 투명하고 솔직한 태도와 행동으로 상생을 이끌어내는 발상의 대전환이 필요해 보인다. 시간이 지나 모든 사실이 서서히 국민들의 머릿속에서 지워지기를 기다릴 것이 아니라, 치유가 필요한 상처를 싸매어 주며, 잘못 꿰어진 단추는 다시 풀고 새롭게 채워주는 따뜻한 노력이 필요한 것이다. 그 어떤 어마어마한 잘못을 저질렀을지라도 용서를 구하는 얼굴에 침을 뱉지는 못할 것이다. 만일 용서를 구하는 사람에게 침을 뱉는다면 우리 사회는 미래가 없다. 왜냐하면 용서 없이는 미래가 없기 때문이다.

모든 역사적 사실은 당시에 힘과 권력에 의하여 묻혀버린 것 같지만 시간이 지나면 쓰레기더미에서 장미꽃이 피어나듯 다시 살아나 잘못된 일들이 다시 정리되며 감추어진 진실은 백주白晝에 들어나게 되는 법이다. 우리는 이런 모습을 '진실·화해를 위한 과거사정리위원회'의 일들을 통해서 이미 경험하고 있다. 노벨 평화상 수상자인 남아프리카공화국의 데즈먼드 투투 대주교는 진실화해위원회를 설립하여 자기 나라를 치유했다. 이제는 우리 사회도 반목과 질시를 멈추고 화해와 용서를 통하여 과거를 정리하며 함께 살아가는 상생의 삶으로 한 걸음 전진하기를 기대한다. 자연도 인간의 편리한 삶만을 위하여 훼손하며 파괴하지 말고 함께 살아갈 수 있도록 배려하며 모든 것에 효율성의 잣대만 들이대며 일을 추진할 것이 아니라 모두 함께 공존하는 사회가 되도록 노력해야 한다.

아무 철학 없이 효율성, 수익성만 계산하여 인간을 기능화 시키는 죄악을 저지르지 말고, 맘몬 앞에 굽실거리지 않아도 살아갈 수 있는 사회를 만드는 정부의 정책이 되기를 바란다. 때때로 잘못된 정책을 시인할 줄 아는 정부, 그리고 잘못된 것을 다시 수정하여 새롭게 미래를 향하여 나아가는 그런 정부의 모습을 기대하는 것은 너무 이상적인가? 이런 점에서 교회는 맘몬을 숭배하고 사람을 기능화하고 약자를 더 약하게, 아니 처절하리만큼 나약하게 만드는 정책에 대해서 바로 알고 올바른 선지자적 비판의 목소리를 아끼지 말아야 하며, 행동하는 양심을 위한 최후의 보루가 되어야 할 것이다. 솔직히 잘못을 시인하며 용서를 구하고, 또한 용서를 구하는 자와 진실 된 마음으로 화해하는 사회가 될 때 우리에게 밝은 미래가 있다.

법 정신과 상식의 거리

법과 상식에 어긋나는 일들을 일상생활에서 자주 볼 수 있지만, 그 일들이 공적 기관이나 신뢰를 받는 집단 또는 개인에게서 발생하면 문제는 그렇게 간단하지 않다. 교회 공동체가 법을 지키지 않아 불법 또는 탈법 지대처럼 되어버릴 때 신뢰를 잃고 맛 잃은 소금처럼 밖에 버려져 사람들의 발에 짓밟힌다. 교회는 세상의 법과 상식에 머물러있는 공동체가 아니라 오히려 그것들 보다 한 수 위인 하나님의 말씀에 따라 세워져가는 거룩한 공동체이다. 하지만, 교회의 불법과 탈법, 비상식적 일들을 보게 되면 세상의 단체나 공공기관보다 못한 수준의 교회처럼 보여 씁쓸함이 있다. 교회가 아무리 입으로 거룩함을 말하고 희생과 봉사와 사랑을 강조할지라도 불법과 탈법을 저지르거나 비상식적인 행동을 한다면 그 속에는 복음진리의 능력이 설 자리가 없다. 최근 서울 목동에 있는 한 교회에서 벌어진 비상식적 일들에 대한 기사를 읽으면서 아픈 가슴을 쓸어내려야 했다.

예수님은 "나더러 주여 주여 하는 자마다 다 천국에 들어갈 것이 아니요, 다만 하늘에 계신 내 아버지의 뜻대로 행하는 자라야 들어가리라. 그 날에 많은 사람이 나더러 이르되 주여 주여 우리가 주의 이름으로 선지자 노릇하며 주의 이름으로 귀신을 쫓아내며 주의 이름으로 많은 권능을 행치 아니하였나이까 하리니 그 때에 내가 그들에게 밝히 말하되 내가 너희를 도무지 알지 못하니 불법을 행하는 자들아 내게서 떠나가라 하리라"고 분명하게 말씀하신다.마7:21-23 입으로만 법치를 말하면서 정작 자신은 법을 지키지 않는 자들은 겉모양은 그럴듯하지만, 속은 썩어 냄새나는 자들이다. 교회가 가장 법을 잘 지키며 윤리 도덕적 모범을 보이며 예언자적 공동체로 상식을 가진 사람들에게 하나님의 살아계심을 두렵고 떨리는 마음에서 실증적으로 보여주어야 함에도 불구하고 오히려 온갖 불법과 탈법을 일삼는다면 교회의 문을 닫고 있는 것이나 다름이 없다.

최근에 헌법재판소의 미디어관련법 결정에 대하여 많은 사람들이 이해할 수 없다는 반응이다. 2009년 10월 29일 오후 2시 헌법재판소 전원재판부는 지난번 국회에서 논란 끝에 본회의에서 통과된 신문법, 방송법, IP TV법, 등 모든 미디어관련법에 대하여 야당이 법안가결을 무효로 해 달라는 청구를 기각했다. 헌법재판소는 소결론에서 IP TV법을 제외한 신문법과 방송법은 표결 절차에 있어서 분명히 위법을 인정했지만, 그럼에도 종합적인 결론에서는 이해할 수 없는 논리로 합헌을 결정한 것이다. 헌법재판소는 신문법과 방송법에 위법이 있었지만 국회에서 통과된 미디어 관련법을 모두 무효로 할 정도로 심각한 위법은 아니라고 판단하고 야당의 청구를 기각한 것이다. 이 일을 두고 세간에서는 "…은 불법이지만, 그 불법 과정에서 발생한… 이라는 결과는 유효하다"의 형식을 빌려서 헌법재판소의 판결을 조소하고 있다. 심지어 "과연 성공한 소매치기는 처벌할 수 없는 것인가?"라는 질문을 던진 사람도 있다. 헌법재판소의 최종 결정을 존중해야함에도 많은 사람들이 법 정신과 상식에 어긋나는 결정이라고 생각하는 것이다. 그리스도인들은 헌법재판소의 결정을 어떻게 생각하고 있을지 궁금하다. 우리 교회의 이러 저러한 일들은 불법이지만 하나님의 영광과 교회의 유익을 위해서는 수용해야한다는 식의 논리를 펼치는 것들은 없는지 살펴볼 대목이다.

법 정신은 법에서 규정한 내용들을 성실하게 지키는 것으로부터 시작한다고 말할 수 있고, 그것은 상식에 속하는 일이기에 쉽게 알 수 있다. 얼마 전 정운찬 총리가 불을 붙인 세종시 원안 수정론과 관련하여 여야가 합의하여 결정했고, 대통령이 수차례 약속한 것이기에 원칙을 고수해야 한다는 목소리가 힘을 얻는 듯하다. 세종시와 관련하여 원칙을 고수하지 않으려는 수정 제안들은 상식적으로 이해가 되지 않는다. 세종시가 경제적으로 자족 도시가 되기 어려운 상황이라면 원안에 미비한 부분을 추가하여 보충하는 것이 상식적으로 생각할 수 있는 것이기 때문이다. 세종시 건설에 대한 원안 수정론을 제안한 총리는 국민들을 우습게 알고 있는 것은 아닌지 의심스럽다. 국회의원에 당선되기 전, 그리고 대통령에 당선되기 전 공개적으로 약속한 것을 지키는 것이 국민을 무시하지 않는 것이며, 민주정치의 기본이고 상식인데, 이제는 화장실 다녀온 뒤여서 급한 것이 없다는 것처럼, 공약公約을 남발하고 사기극을 펼쳤다는 것인지 알 수가 없다. 한번 약속한 것들을 그럴듯한 명분으로 너무 쉽게 스스로 파기하는 일들이 없어야 한다. 교회 안에서도 소수의 목소리가 횡포를 부리지 않아야하고, 다수의 결정이라고 소수의 견해를 무시하면서 모든 성도가 합의한 일들을 갑작스럽게 취소하는 일들이나, 계획에 없던 일을 급하게 추진하는 태도를 버려야 할 것이다. 이런 일에는 항상 대의명분이 뒤따르기 마련인데, 이런 경우 거의 대부분은 합의한 약속이라는 법 정신과 상식에 어긋난다.

　　　　　법 정신과 상식 사이의 거리가 얼마나 먼지 헌법재판소의 미디어관련법 결정과 세종시 원안 수정론이 대두되는 것을 보고 알 수 있을 것 같다. 교회 안에서 하나님의 말씀을 선포하며 그 말씀대로 살 것을 가르치면서 오히려 상식의 수준에도 미치지 못하는 행동을 보인다면 세상과 교회의 차이가 크게 없을 것 같다. 교회 안에서도 상식이 통하고 오히려 세상의 상식보다 차원이 더 높은 거룩한 법인 하나님의 말씀을 따라 살아가는 사람들이 모인 공동체가 되기를 기대한다.

사상과 양심의 자유

사상과 양심의 자유란 각 개인의 판단이나 가치관으로서의 확신을 외부에 표명하도록 강요당하지 않을 자유와 양심에 반하는 행위를 강요당하지 않을 자유를 의미한다. 대한민국 헌법 제19조는 "모든 국민은 양심의 자유를 갖는다."라고 규정하고 있다. 이 헌법은 1948년 7월 17일에 제정되어서 2010년이 제헌절 62주년 되는 해이다. 우리 헌법에 사상의 자유를 보장하는 규정이 별도로 명문화 되어있지 않지만 양심의 자유 속에 암시되어 있다는 폭넓은 해석을 수용하고 있다.

양심의 자유는 첫째, 양심상 결정의 자유, 즉 자신의 도덕적, 논리적 판단에 따라 무엇이 옳고 그르다고 확신할 수 있는 자유이다. 이것은 한 개인의 내적 작용이기 때문에 어떠한 경우에도 제한될 수 없는 절대적 자유이다. 따라서 양심상의 결정과정에 국가권력이나 타인이 관여하여 그 결정을 방해하거나 일정한 양심상의 결정을 하도록 강요할 수 없다. 둘째는 침묵의 자유, 즉 양심상의 결정을 외부에 표명하도록 강요받지 않는 자유이다. 침묵의 자유는 개인의 기본 권리로 어느 누구도 강제할 수 없다. 침묵의 권리를 물리적인 억압으로 강제하는 것이 일상화되면 가장 비인간적이고 잔인한 폭력인 고문도 대의명분이란 옷으로 치장하고 교묘하게 등장한다. 오랫동안 단어조차 잊어버렸던 "고문"이 자유민주주의 국가의 수도인 서울에서, 그것도 양천경찰서 경찰관 다섯 명에 의해서 실제로 발생했다는 소식이 얼마 전 보도되었다. 현 정권의 인권의식 수준을 간접적으로 보여주는 참혹한 인권침해 사건이 아닐 수 없다. 고문이 따로 있는 게 아니라, 합법적이지 않은 방법으로 피의자나 피고인을 굴복시키기 위해 사용하는 모든 것이 고문일 수 있다.

사상과 양심의 자유는 천안함 사건과 관련된 민군합동조사단이하 합조단의 발표와 관련해서도 보장되어야 한다. 다시 말해서 천안함 침몰의 원인을 북한 어뢰로 지목한 합조단의 발표를 믿거나 믿지 않는 것은 한 개인의 양심과 사상의 자유에 해당한다. 천안함 사건은 종교가 아니다. 국가는 천안함 사건과 관련된 내용의 발표를 국민에게 믿도록 강요할 수 없다. 합조단 발표 당시에 의심하는 사람들을 향하여 "의심하다 보면 끝이 없다, 믿을 수 없는 게 아니라 믿고 싶지 않은 게 더 큰 문제"라고 말했다. 하지만, 합조단의 발표 이후에 천안함 사건의 "결정적 증거"에 대한 문제 제기는 이제 "의혹" 수준을 넘어선 것 같다. 왜냐하면 발표의 내용이 과학과 상식에 의해 부정당하고 있고, 합조단의 발표 내용도 이미 여러 차례 번복되었기 때문이다. 사건 발생 초기 이명박 대통령도 "부인할 수 없을 정도의 과학적이고 객관적인 증거" 제시의 필요성을 언급했듯이, 천안함 사건은 과학이어야 복잡하게 꼬인 문제를 풀 수 있다. 더욱이 천안함 사건과 관련하여 합조단의 발표를 믿지 않고 의심하면서 다른 가설과 이론을 제기하는 사람들을 법으로 다스리려는 것은 국민의 기본권인 사상과 양심의 자유를 억압하는 일이다. 천안함 사건이 이제 국내의 발표를 거쳐서 캐나다에서 개최된 G8 정상회담과 유엔 안전보장이사회의 논의를 끝으로 출구를 찾아 빠져나오려는 듯하다. 한반도의 평화를 유지하려는 노력이 천안함 사건의 조속한 해결로 이어져서 이 땅에 피비린내 나는 전쟁이 다시없기를 기대하며, 이 사건의 발표와 다른 의견을 가진 사람들을 불법적으로 억압하는 일 또한 없기를 소망한다.

예수께서 자기를 믿는 유대인들에게 "진리를 알지니 진리가 너희를 자유롭게 하리라."요8:32고 말씀하셨다. 인간에게 주어진 자유는 그리스도 예수 안에서 참된 빛을 나타낸다. 진리는 예수 그리스도와 그의 말씀과 밀접하게 관련되어 있기 때문이다. 예수께서는 자신을 가리켜서 "내가 곧 길이요 진리요 생명이니 나로 말미암지 않고는 아버지께로 올 자가 없느니라."요14:6고 하셨고, "아들이 너희를 자유롭게 하면 너희가 참으로 자유로우리라."요8:36고 말씀하셨다. 사람들이 자유의 가치를 얼마나 소중하게 여기고 있느냐가 그 사람의 삶의 질을 결정한다. 하나님의 형상으로 창조된 인간이 예수 그리스도로 말미암아 죄의 종 된 상태에서 해방되어 자유로운 삶을 얻었기에 우리는 감사하며 다른 이들의 자유도 소중하게 여겨야 한다. 인간의 자유는 종교라는 이름으로 속박되어서도 안 된다. 이런 현상을 우리는 이단 종교의 모습 속에서 발견할 수 있다. 한 개인의 자유는 타인과 관련되지 않으며 해를 끼치지 않는 일, 온전히 자기에게만 책임이 돌아오는 것에 대하여 완벽한 주권을 행사하는 것이다.

사상과 양심의 자유가 오늘날처럼 신장되지 못했던 중세시대와 종교개혁 시대에 개인의 자유는 종교라는 이름으로 억압되었다. 이것을 잘 보여주는 한 사례가 슈테판 츠바이크 Stefan Zweig의 책, 『다른 의견을 가질 권리』에 잘 나타나있다. 이 책의 부제에서 보여주듯이 그 내용은 종교개혁 당시 카스텔리옹Sebastian Castellion이 세르베투스가 산채로 화형당한 일을 칼뱅의 독재와 무자비한 폭력의 결과로 고발한 것이다. 제네바에서 신정국가를 건설한 칼뱅의 종교적 권력에 맞서 사상과 양심의 자유를 옹호하며 관용을 부르짖은 인문주의자 카스텔리옹의 역사적 사건은 독재를 되돌아보는 거울로 삼을만하다. 오늘날 교회 안에 종교라는 이름으로 폭력과 독재를 사용하여 개인의 사상과 양심의 자유를 구속하는 일은 없는지 심각하게 고민해 보아야 할 것이다. "진리를 구하고 자기가 생각하는 대로 그것을 말하는 것은 절대로 범죄가 아니다. 아무도 어떤 신념을 갖도록 강요당해서는 안 된다. 신념은 자유다."라고 외친 카스텔리옹의 말은 다른 의견을 가진 사람들을 관용하지 못하고 잘못된 사람으로 몰아세우는 오늘의 현실에서 심각하게 생각해 보아야 할 것이다.

5부 보다 나은 사회를 꿈꾸며

용산 철거민 참사와 그리스도인의 시각

하나님께서 창조하신 세상에 살아있는 인간의 생명보다 귀한 가치는 없다. 천하보다 귀한 생명이기에 예수 그리스도는 그 귀한 생명을 구원하시려고 하늘로부터 이 땅에 오신 것이다. 모든 그리스도인들은 이 사실을 믿고 있으며 오늘도 한 생명을 귀하게 여기며 살아간다. 그런 귀한 생명이 용산 철거민 농성 현장에서 경찰의 무리한 강제 진압 결과, 원인이 분명하게 밝혀지지 않은 화재로 경찰관 한 명을 포함하여 모두 여섯이나 처참하게 사라졌다. 경찰은 화재로 죽은 농성자들의 신원을 확인한다는 이유로 가족의 동의도 없이 부검을 했는데, 죽은 사람의 몸에서 나왔다는 한 장의 서류는 불에 그슬리지도 않았다. 하나님이 창조하신 한 생명을 귀하게 여기는 그리스도인으로서 농성자들의 죽음은 단순히 사회를 향하여 불법을 행사한 대가로 이해하면 되는 것인가? 교회 밖에서 일어난 일에 대하여 너무 깊이 개입하지 않아야 하기에 정부의 공권력이 다스리도록 놔두면 되는 것인가? 그리스도인들은 이런 일이 남의 일이고 사회의 한 구석에서 일어난 일이기에 더는 상관하지 말고, 교회 안에서 하나님을 믿고 섬기면 되는 것인가? 이 세상에서 교회와 목회자의 역할은 이런 일들과는 아무런 상관이 없는 것이기에 이런 일들에 대하여 침묵하며 지나가면 되는 것인가?

용산 철거민 참사를 바라보며 교회와 신학이 현실을 외면할 수 있는지 자문하게 된다. 동시대를 살아가면서 교회와 세상의 역사는 서로 다른 궤도를 달리고 있는 것이 아니기 때문이다. 그리스도인은 이 땅에 하나님의 나라가 이루어지기를 기도하며 소망하고 부단히 노력한다. 하나님의 나라가 이 땅에 이루어지는 것은 교회 안에서 뿐만 아니라, 우리의 현실 사회 속에서도 동일하게 이루어지는 것을 의미한다. 이런 점에서 하나님의 말씀을 풀어 해설하며 삶에 적용하는 설교 속에서 현실을 외면하는 것은 위선이다. 용산 철거민 참사와 관련하여 천주교 정의구현 전국사제단은 2009년 2월 2일 저녁 7시 서울 광화문 청계광장에서 시국미사를 열고 '용산 참사'의 진상규명과 김석기 경찰청장 내정자의 처벌을 요구했다. 불교계는 2월 5일 '용산 참사 희생자를 위한 시국법회'를 조계사에서 진행하였다. 시국법회의 위원장은 '사람이 죽었다. 무력도 불사하는 정부의 개발 정책이 부른 예고된 죽음이었다. 생존권을 외치는 힘없는 국민을 마치 전쟁터의 적군 대하듯 공권력을 남용한 결과다.'라고 경찰의 과잉진압을 비판했다.

용산 철거민 참사를 바라보는 우리 개신교 그리스도인의 시각은 무엇인가? 그리스도인이 같은 궤도를 달리는 역사의 현실 속에서 자신만의 안전과 평안을 지키기 위하여 역사를 외면한다면 훗날 그 책임을 면할 수 없을 것이다. 교회의 공적 책임은 역사의 현실을 외면하지 않으며 하나님의 사랑과 공의가 이 땅에 드러나도록 힘쓰는 것이다. 용산 참사의 본질은 국민의 기본권을 가볍게 여긴 정부의 천박한 인권의식에 뿌리를 두고 있기에 통치자와 권력자들이 철저히 책임지도록 예언자적 정의의 목소리를 발해야 한다. 목회자가 예언자적 양심의 소리를 발하지 않으면 돌들이 소리 지를 것이다. 하나님이 햇빛과 비를 만인에게 내려 골고루 내려 주시듯이 하나님 안에서 교회와 세상은 결코 분리될 수 없다. 다만 그리스도인들 가운데 기독교를 사적 영역으로 만들어 자기 종교화한 사람들에게만 교회와 세상은 분리되어 있다. 그리스도인이 사회에 대한 공적 책임이 있고, 기독교가 현실 문제에 대하여 역사적 책임 의식을 갖고 있다면 세상에서 일어나는 일을 외면할 수 없을 것이다. 하나님의 나라 안에서 성속을 구별하지 않듯이, 기독교 세계관 속에서 교회와 세상은 이분법 적으로 구별되지 않는다.

교회의 목회자들과 그리스도인들은 유대인들이 하나님을 성전 안에 가두어 두려고 했던 잘못을 되풀이해서는 안 된다. 바울은 아레오바고에서 아덴 사람들에게 "우주와 그 가운데 있는 만물을 지으신 하나님께서는 천지의 주재시니 손으로 지은 전에 계시지 아니하시고 또 무엇이 부족한 것처럼 사람의 손으로 섬김을 받으시는 것이 아니"행17:24-25라고 말했다. 하나님을 예배당 안에 가두어 두려고 하지 않아야 하며, 기독교를 교회당 안에 가두어 두고 사유화해서는 안 된다. 종교의 사사화私事化는 곧 타락의 길이기 때문이다. 기독교가 역사에 대한 책임을 외면하고, 현실에서 일어나는 일에 관심을 갖지 않으면 이미 기독교의 사사화는 시작되었다고 말할 수 있다. 그리스도인은 예배당 건물을 유지하기 위하여 존재하는 것이 아니며, 하나님 나라의 일을 이루기 위하여 존재하는 것이다. 그리스도인들이 자기 예배당 건물이나, 교회의 부속 수양관, 교회의 공원묘지 등을 유지하기 위하여 힘쓰느라고 세상을 바라볼 수 없을 때 종교의 사사화는 이미 시작된 것이다.

복음의 능력은 어두운 세상 속에서 찬란한 빛으로 비춰질 때 드러난다. 예수께서 말씀하시기를 "너희는 세상의 빛이라 산 위에 있는 동네가 숨겨지지 못할 것이요. 사람이 등불을 켜서 말 아래에 두지 아니하고 등경 위에 두나니 이러므로 집 안 모든 사람에게 비치느니라. 이같이 너희 빛이 사람 앞에 비치게 하여 그들로 너희 착한 행실을 보고 하늘에 계신 너희 아버지께 영광을 돌리게 하라"마5:14-16고 하셨다. 세상의 빛 된 그리스도인들은 용산 철거민 참사를 분명히 기억하며 어두운 세상을 밝게 비취는 사명을 책임 있게 감당해야 한다.

집 없는 서민들의 가정의 달

5월은 어린이날5일, 어버이날8일, 부부의 날21일이 있는 가정의 달이다. 먼저 우리를 낳으시고 기르신 부모님께 감사하며, 장성한 남녀가 만나 부부로 한 가정을 이루게 하시고, 자녀를 주신 하나님께 감사드리는 달이다. 하지만, 감사에 앞서 가정의 달에 집 없는 서민들의 시름은 더욱 깊어질 것만 같아 걱정이다. 현재 마땅히 살 곳이 없어서 노숙을 해야만 하는 사람들이 아닐지라도, 전셋집 또는 월세 집을 전전하며 살아가는 가족들은 늘 말할 수 없는 불안과 피곤함이 몸에 배어 있기 때문이다. 이런 무주택 서민들은 자신의 형편과 처지를 알기에 말로 표현하지 않고 모든 것을 억지로라도 잊어버리고 하루하루 현재의 형편에 맞추어 만족하며 살아갈 뿐이다. 물론 가정은 집이 없어도 가정이라고 말할 수 있겠지만, 한 가족이 맘 편히 살 수 있는 자신들의 공간이 없는 설움은 겪어 보지 않으면 쉽게 말할 수 없다. 그나마 전셋집 또는 월세 집에 살 수 있는 형편이라면 길거리에서 노숙하는 신세가 아니기에 더는 불평하지 말라고 한다면 할 말은 없다. 하지만, 십 수 년을 온 가족이 고생하며 돈을 모아 보지만 하루가 달리 치솟는 집값을 따라 잡을 수 없어서 평생 자기 공간을 마련할 수 없는 상황이라면 불평 정도가 아니라 절망감에 휩싸여 그 이유가 무엇인지 한번쯤 생각해 보지 않을 수 없다.

정부는 2009년 4월에 우리 사회의 무주택 서민들을 위한 주택난을 해결하기 위하여 새로운 주택청약 제도를 발표하였다. 다시 말하면 국토해양부가 통장 하나로 공공주택뿐 아니라 민영주택도 청약할 수 있는 새로운 '주택청약종합저축' 제도를 발표한 것이다. 주택청약종합저축은 기존의 청약저축, 청약예금, 청약부금을 모두 합해 놓은 것으로 문자 그대로 종합저축의 성격을 띤다. 하지만, 기존의 청약저축, 청약예금, 청약부금 제도는 그대로 유지되기에 결국 신구 통장이 공존하게 된 셈이다. 현재 중소형 공공주택 청약은 청약저축으로만 할 수 있다. 청약예금과 청약부금으로는 중소형 규모 공공주택을 청약할 수 없다. 하지만, 주택청약종합저축은 기존의 제도와 달리 공공주택 및 민영주택에 모두 청약할 수 있다. 새로운 제도인 주택청약종합저축은 주택을 보유한 사람도 가입할 수 있다. 이전에는 집을 팔아야 청약저축에 다시 가입할 수 있었지만 이제는 미리 주택청약종합저축에 가입한 뒤 나중에 집을 팔면 된다. 결국 주택청약종합저축에 가입한 사람들은 인기 있는 공공주택을 청약할 때 매우 유리한 고지에 설 수 있게 된 셈이다. 더욱이 새로운 제도는 민법상 미성년자(만 20살 미만)도 가입할 수 있다. 다시 말하면 이 나라에 태어나서 주민등록에 등재돼 있으면 된다. 물론 미성년자는 통장에 가입만 할 수 있을 뿐, 성년이 될 때까지 청약은 할 수 없다.

겉으로 보기에 정부가 홍보한 대로 참 편리한 제도이며 무주택 서민들이 주택을 마련할 수 있는 좋은 제도처럼 보인다. 하지만, 주택청약종합저축은 무주택 서민들을 위한 것이 아니라 부자들을 위한 제도일 수밖에 없어 보인다. 이제는 이 땅의 가진 자들이 자기의 자녀들에게 미성년 때부터 합법적으로 증여세를 내지 않고 주택을 마련할 수 있는 길을 열어준 결과가 될 것이 분명하기 때문이다. 새로운 제도인 주택청약종합저축은 무주택 서민들에게 혜택이 돌아가도록 가입을 제한하지도 않았고, 한 세대에 한 사람만 가입하도록 하지도 않았다. 그래서 어린이날 다음 날인 지난 6일 주택청약 만능통장으로 일컬어지는 주택청약종합저축이 출시되자 많은 사람들이 우리, 신한, 하나, 기업은행 및 농협에 몰려들었다. 자기 집이 있는 부자들은 그들이 소유한 돈으로 그 가족의 젖먹이를 포함하여 모든 가족 구성원이 이 새로운 주택청약종합저축에 가입할 수 있기 때문이다. 금융계에 따르면 시중의 다섯 은행이 5월 4일까지 받은 가입예약자 수는 이미 200만 명을 넘은 것으로 추정됐다. 이제 가진 자들에게 민법상 성인이 된 자녀들의 이름으로 주택을 구입하고 그 값이 오르면 다시 팔아 양도차익을 챙길 수 있는 부동산 투기의 새로운 장이 마련된 것이다. 정부는 얼마 전에 부자들을 위한 종부세 감세 조치도 이미 시행하였고, 이것도 모자라서 양도세 중과 폐지와 다주택자 양도세 인하를 고려하고 있기 때문이다.

　　　　　　　이제 주택 마련을 위한 새로운 제도 속에서 서민들이 아파트에 당첨되기란 더욱 어렵게 될 것이다. 주택청약종합저축에 가입한 사람들의 수만큼이나 경쟁률이 더 높아질 것이기 때문이다. 현재 서민들은 높은 경쟁률 속에서 어렵사리 아파트 청약에 당첨되어도 엄청난 돈이 필요하기에 포기할 수밖에 없는 실정이다. 정부의 새로운 제도인 주택청약종합저축 출시 소식이 가정의 달을 맞이한 무주택 서민들에게 더욱 가슴 쓰라린 달이 될 것 같아서 마음이 무겁다. 자신들이 마음 편히 살아갈 공간이 없어 온 가족이 전셋집 또는 월세 집을 전전하며 마음 졸이고 살아갈지라도 따뜻한 마음으로 서로 사랑하며 하나님께 감사할 수밖에 없는 우리의 현실에 눈물이 난다. 하나님은 그의 백성들에게 "네 형제가 가난하게 되어 빈손으로 네 곁에 있거든 너는 그를 도와 거류민이나 동거인처럼 너와 함께 생활하게 하되 너는 그에게 이자를 받지 말고 네 하나님을 경외하여 네 형제로 너와 함께 생활하게 할 것인즉 너는 그에게 이자를 위하여 돈을 꾸어 주지 말고 이익을 위하여 네 양식을 꾸어 주지 말라" 레25:35-37고 말씀하신다. 모든 그리스도인들은 무주택 서민들이 함께 웃으며 살아가는 세상을 만들기 위하여 먼저 '부동산 투기'라는 괴물에 대항하여 피 흘리기까지 투쟁하는 일을 게을리 하지 말아야 할 것이다.

**** 보금자리와 서울시의 시프트는....

뇌물賂物과 선물膳物

　　금년 추석은 예년과 비교해 볼 때, 좀 빠른 느낌이다. 추석이 되면 사람들은 살아오면서 사랑의 빚을 진 사람들을 기억하며 작은 선물이라도 준비하여 그 은혜에 보답하려고 마음을 쓴다. 이런 마음 씀씀이는 참 귀하고 선물을 받는 사람을 기쁘게 한다. 이런 경우에 선물을 준비하여 감사한 마음과 함께 전달하는 사람이나 그 선물을 받는 사람 모두 즐겁고 유쾌하다. 그러나 추석 선물이 진정한 선물이 아니라 선물로 포장된 뇌물의 성격을 지녔을 때, 그 뇌물의 부정적이며 파괴적인 힘은 인간의 정신을 피폐하게 만든다. 우리는 추석과 같은 명절이 되면 진정한 선물 보다는 선물로 포장된 뇌물이 활개를 치며 사회 여러 구석에서 극성을 부리고 있는 것을 안다. 성경은 교훈하기를 "너는 뇌물을 받지 말라 뇌물은 밝은 자의 눈을 어둡게 하고 의로운 자의 말을 굽게 하느니라"출23:8고 했다.

　　명절이 지나서 고위 공직자들이 받은 선물이 많은 경우에 참된 선물이 아니라 뇌물인 것이 드러나서 뉴스로 보도되면 그 소식을 접한 모든 사람들의 입에서 한숨이 저절로 나오게 된다. 진정한 선물이 아니라 뇌물이기에 청탁이 따르고 그 청탁이 이루어지지 않았을 때 선물로 위장된 뇌물을 주고받은 당사자들 사이에 잡음이 생기며 결국 그 일이 만천하에 드러나게 된다. 교회 공동체

안에서도 감사와 함께 주고받는 선물이 아닐 경우에 선물로 포장된 뇌물로 쉽게 변질될 수 있음을 기억할 필요가 있다. 이런 점에서 선물과 뇌물의 차이는 백지 한 장 차이도 되지 않는 것 같다. 특히 선물을 받는 사람에게 선물 자체가 큰 부담이 되어 당황스러울 때 선물의 진정한 의미가 퇴색하기 마련이다. 명절에 감사의 선물로 떡값을 주고받았다고 항변하는 사람들이 말한 금액이 보통 사람으로서는 상상을 초월하는 숫자인 것을 듣는 순간 대부분의 사람들은 그것이 선물이 아니라 뇌물이라는 것을 말하지 않아도 안다.

일반적으로 선물은 그것을 준비하는 사람이 선물 받을 사람을 생각하며 준비할 때 마음에 기쁨이 넘친다. 선물을 받는 사람 역시 전혀 예상하지도 기대하지도 않았던 것이기에 감사와 기쁨이 넘친다. 본래 선물의 의미는 선물을 받는 사람이 전혀 예상할 수 없는 것으로 선물을 주는 사람의 입장에서 보면 매우 일방적이다. 그래서 선물을 받는 사람 역시 때때로 일방적이라는 느낌을 받을 수밖에 없다. 바로 이런 의미에서 성경은 우리의 구원을 ‘하나님의 선물’로 비유해서 설명했다. 바울은 에베소서 2장 8절에서 “너희는 그 은혜에 의하여 믿음으로 말미암아 구원을 받았으니 이것은 너희에게서 난 것이 아니요 하나님의 선물이라”고 말한다. 예수 그리스도 안에서 얻은 구원이 선물처럼 전적으로 하나님의 주권적인 섭리 속에서 주어진 것이라는 의미이다.

만약 어떤 사람이 선물을 받았을 때 그 사람이 선물을 받을 만한 어떤 조건이나 이유 때문에 선물을 받는다면 그것은 선물이 아니라 상이다. 그러나 반대로 어떤 사람에게 선물을 주는데, 그 사람이 잘 할 것을 기대하거나 바라면서 선물을 준다면 그것은 선물이 아니라 뇌물이라고 말해야 할 것이다. 창세기 32장 13-20절에 기록된 야곱이 그의 형 에서를 만나기 전에 준비한 예물은 선물이라기보다는 뇌물이다. 왜냐하면 야곱은 "내가 내 앞에 보내는 예물로 형의 감정을 푼 후에 대면하면 형이 혹시 나를 받아 주리라"창 32:20고 생각하기 때문이다. 야곱은 그의 형 에서를 위한 선물을 준비한 것이 아니라, 뇌물을 준비하여 에서의 마음을 달래려고 했던 것이다. 그러므로 야곱의 뇌물은 에서의 상상을 초월할 만큼 수량적인 면에서 어마어마했다. 창세기 32장 13-15절에 의하면 야곱이 선물로 보낸 것은 가축만 모두 합해서 550마리나 된다. 이 정도면 에서가 아니라 인간이라면 그 누구라도 그 많은 분량의 뇌물성 선물을 보고 마음이 변했을 것이다. 어쩌면 야곱은 잠언 21장 14절의 "은밀한 선물은 노를 쉬게 하고 품 안의 뇌물은 맹렬한 분을 그치게 하느니라"는 말씀을 기억하면서 그의 형 에서에게 뇌물성 선물을 보낸 것일 수도 있다.

추석을 앞두고 교회 안에서 주고받는 선물이 너무 형식적이거나 관례를 따르기 보다는 진정한 감사의 마음을 담아 전달되는 소박한 것이기를 바란다. 교회 공동체는 교회의 지도자들인 목회자들에게 그동안의 수고에 감사하면서 그 마음을 담아 선물을 할 수도 있겠지만, 오히려 어려운 환경 속에서 힘겹게 살아가는 다른 성도들, 성경의 표현대로 '고아와 과부들'을 기억하며 그들을 격려하는 정성이 담긴 추석 선물을 준비하여 전달하는 것이 필요할 것이다. 명절에 선물을 주고받는 우리의 풍습이 아름다운 한 폭의 그림처럼 보이려면 선물을 준비하는 것이 짐이 되지 않아야 하고 선물을 받는 사람도 그것을 받으면서 너무 부담되어 당황스럽지 않아야 한다. 맑고 깨끗한 사회는 뇌물이 통하지 않는 문화와 풍토가 정착된 사회일 것이다. 교회 공동체가 실천적으로 앞장서서 뇌물이 없는 사회, 뇌물이 통하지 않는 사회의 풍토를 만드는데 기여할 수 있기를 기대한다.

신뢰를 잃어버린 시대

신뢰는 한 사회가 존재하는 근본 뿌리이다. 하지만, 우리는 현재 우리 사회에서 벌어지고 있는 여러 소식들, 예를 들면 성인들의 어린이 강제 성추행 사건, 아버지가 딸자식을 성추행한 사건, 자식이 부모를 살해하는 끔찍한 소식 등을 들으며 살아가고 있다. 이 세상에 가장 불행한 일 가운데 하나는 사람이 살아가면서 서로에 대한 신뢰가 무너지는 것이다. 성인들이 연약하고 새싹이 돋듯이 자라나고 있는 어린이를 돌보며 보호하여 잘 성장하도록 도와주어야 할 책임이 있는데, 오히려 짐승처럼 돌변하여 어린이를 성추행하고 생명까지 빼앗아가는 비극적인 시대가 되고 말았다. 어린이 성추행범의 대부분이 면식범이란 통계는 우리를 더욱 슬프게 한다. 얼굴을 평소에 잘 알고 있기에 어린이는 그 사람을 전적으로 믿은 것인데, 말 그대로 믿는 도끼에 발등을 찍힌 셈이다. 아버지가 친 딸을 상습적으로 성폭행한 사건 또한 어떤 말로도 표현할 수 없는 가장 처참한 절대적 신뢰의 붕괴 그 자체이다. 더욱이 자식이 부모를 살해하며 보험금을 탐낸 경우도 가장 기본적인 사회적 신뢰의 붕괴를 보여주는 비극적 사례이다. 이 모두가 국가와 사회를 구성하는 토대이며 신뢰로 이루어진 가족의 견고한 성이 무너진 경우이다.

최근 발생한 백령도 근해에서 우리 해군

함정 천안함이 침몰한 사건은 국민적 비극이다. 이 사건의 발생 시각과 원인을 놓고 군의 발표를 신뢰하지 못하는 국민들의 반응을 보면서 우리 사회가 얼마나 뿌리 깊은 불신의 시대에 살고 있음을 절감한다. 군이 천안함 침몰 사고 시각과 관련하여 잦은 말 바꾸기로 이미 신뢰를 잃어버렸다. 풀리지 않는 의혹과 불신이 걷잡을 수 없이 커지면서 이제는 사고 원인을 제대로 밝힌다 해도 국민들이 곧이 믿어줄지 장담할 수 없는 지경에 이르렀다. 천안함이 침몰하여 수많은 고귀한 생명이 실종되고, 시신으로 발견된 것도 슬픔이지만, 이 가슴 아픈 사건을 두고 우리 사회를 덮고 있는 불신의 검은 그림자를 보면 억장이 무너진다. 이런 상황을 만든 배후에는 자주 말을 바꾼 군의 발표도 문제지만, 신문 방송 기자들의 사건에 대한 사실 보도와 함께 추측에 의한 분석 보도도 부정적인 역할을 했다. 침몰한 천안함의 선체를 인양하면 보다 분명한 원인 등을 알 수 있겠지만, 인양된 선미船尾의 절단면은 공개하지 않겠다는 군의 발표는 또 다시 신뢰를 잃어버리는 쪽을 선택하는 것이란 생각을 지울 수 없다. 군을 믿고 안전하게 살아가는 국민들이 그 군의 공식적인 발표를 믿지 못하는 것은 너무도 처참한 비극 그 자체이다.

　　　　　우리 사회의 뿌리 깊은 불신 풍조를 없애려면 모든 면에서 가능한 한 투명성을 높여야 하고, 정보의 독과점을 해제해야 한다. 하지만, 남북의 대치라는 특수한 상황 속에서 국가의 안보와 관련된 정보의 무분별한 공개는 그렇게 쉽게 결정할 일은 물론 아니다. 그럼에도 국민의 알권리와 관련하여 남북의 상황이 정치적으로 악용되지 않아야 한다. 이것이 남북이 통일되지 못한 우리 민족의 비극이다. 이런 점에서 남북통일은 통일이 되는 그날까지 우리 민족의 절체절명의 지상과제이다. 우리 사회의 불신 풍조는 어제 오늘의 일은 아니다. 약속의 실천이 신뢰의 작은 나무를 심는 일과 같은 것인데 작은 약속들이 실천되지 않으면서 보다 큰 약속들은 대의명분을 내세워 파기되는 상황이기에 불신을 자초하고 있다. 국민의 상당수가 정부의 여러 가지 정책 발표를 믿지 못하는 이유는 정부가 이미 상당 부분 신뢰를 잃었기 때문이다. 그 단적인 예가 한반도 대운하에서 비롯된 4대강 개발 문제 및 세종시 수정안 문제, 한명숙 전 총리의 뇌물수수 사건의 무죄 판결 등이다.

우리 사회 속에 드리워진 불신의 그림자는 사회뿐만 아니라 교회 안에서도 발견되고 있다. 하나님의 구원과 은혜의 약속을 믿고 살아가는 그리스도인들이 함께 모여 이룬 신뢰의 공동체가 불신의 공동체로 점차 바뀌어 가는 모습을 보면 가슴이 아프다. 이런 현상은 얼마 전에 발표된 종교의 신뢰도 조사에서 발표된 교회의 신뢰도 추락에서 볼 수 있다. 또한 교회의 문제가 세상 법정에서 다루어지고 있는 현실과 그 법정 다툼의 수가 상당한 데에서도 찾아 볼 수 있다. 하나님을 믿고 그 아들 그리스도 예수의 삶을 닮아 살아가려는 사람들이 모인 믿음의 공동체가 서로 불신하고 교회의 지도자와 성도들, 또한 성도와 성도들 사이에 서로 세상 법정에 고소 고발을 하며 교회를 불신의 공동체로 세상에 보여주고 있는 것이다. 성도들이 교회의 지도자를 신뢰하지 못하는 것은 작은 일들에 대하여 이미 거짓이 들어나 불신을 경험했거나, 교회의 일들이 투명성과 객관성을 잃어버린 경우, 정보의 통제와 소통을 위한 대화가 아닌 일방통행식의 의사 전달 때문인 경우가 대부분이다.

신뢰의 회복은 우리 사회가 신속히 해결

해야 할 가장 중요한 과제이다. 이런 신뢰의 회복은 교회가 먼저 보여 주어야 할 책임이 있다. 교회는 이 사회 속에서 신뢰의 모습을 모범적으로 보여 주어야 할 최후의 보루이기 때문이다. 믿음의 공동체인 교회가 신뢰를 잃어버릴 때 그 부정적인 효과가 사회에 주는 영향은 너무나 크다. 세상에서 불신을 완전히 제거하기란 현실적으로 매우 어렵다. 하지만, 불신의 요소가 되는 많은 것들을 제거하려는 실제적인 노력과 함께 의심하는 사람들을 긍휼히 여겨서 그들의 요구를 수용할 때 우리 교회와 사회는 보다 더 밝은 미래를 내다 볼 수 있을 것이다. 신약성경 유다서 1장 22절은 "어떤 의심하는 자들을 긍휼히 여기라"고 교훈하고 있다. 정신과에서 의심은 치료하기 어려운 심각한 병이지만 많은 노력으로 그 병을 치료하기도 한다. 의심하는 사람들을 무조건 나무랄 것이 아니라 그들을 긍휼히 여기며 함께 신뢰하는 믿음의 공동체와 우리 사회를 만들어 가야 할 것이다.

특권계층의 존재

특권계층이란 우리 사회에서 사회적이며 정치적인 특권을 누리는 계층이나 또는 그런 사람들을 의미한다. 우리나라 헌법 제1조는 "대한민국은 민주공화국이다. 대한민국의 주권은 국민에게 있고 모든 권력은 국민으로 부터 나온다."라고 분명하게 명시하고 있다. 국민이 주인인 우리나라에 특권계층이 존재하는 것인가? 믿기 어렵지만 특권계층은 우리 사회의 다양한 분야에 존재하는 것처럼 보인다. 이미 세상에 다 알려진 바대로 검찰의 권력은 무소불위無所不爲의 권력으로 특권계층의 상징이 된 듯하다. 최근 문화방송이 보도한 검찰의 스폰서 문화가 공개되면서 검찰이 어느 정도 특권을 누리고 있었는지 그 일부분이 드러난 것이다. 문제는 드러난 검찰의 스폰서 문화는 빙산의 일각일 가능성이 높다는 점이다. 검찰의 시각은 스폰서 문화를 '온정주의로 인한 인간관계의 일종' 으로 생각하고 있는 것처럼 보이는데, 이것이 더욱 큰 문제이다.

특권계층은 검찰 만이 아니다. 국회의원 역시 국민이 선출한 국민을 위한 의정 활동을 하는 사람들인데, 정치 권력을 누리는 계층이 되고 말았다. 특권계층답게 국회의원이 누리는 특혜는 너무 많아서 일일이 열거하기가 어려울 정도이다. 그 한 가지 예로 국회의원은 국회법 31조에 따라 국유의 철도, 선박, 항공기를 무료로 이용할 수 있다. 국회 폐회 중에는 공무의 경우에 한한다고 되어 있다. "국유 철도"에는 한국고속철도KTX도 포함된다. 국민을 위한 의정 활동으로 꼭 필요한 경우라면 특별 혜택이라도 베풀어 주어서 의정 활동에 지장이 없도록 하는 것이 옳을 것이다. 하지만, 최근 전교조교사 명단 공개 금지와 관련된 법원의 판결을 두고 한 국회의원이 "조폭판결"이라는 표현을 써서 판사의 판결을 비하해 버린 사건은 말 그대로 입법 활동을 하는 국회의원이 조폭이 아니라면 입에 담을 수 없는 말이다. 국회의원이 법원을 향하여 이런 발언을 하고 법을 지키지 않는다면 일반 국민은 어찌하란 말인가! 국회에서 법을 만들면, 법원은 그 법을 근거로 위법한 사항을 판단하여 양형量刑 하는 것이다. 더욱이 우리나라는 삼심 제도가 있고, 또한 헌법 소원 등 법원의 판결에 대해 여러 방면으로 이의를 제기하여 다시 판결 받을 수 있는 권리를 제도적으로 잘 마련했는데, 국회의원들이 앞장서서 법을 지키지 않는 것은 특권의식 때문이 아닌지 의심스럽다.

특권계층은 이 정도 뿐 아니라 한국의 2%에 해당하는 재벌들 역시 재벌 권력을 휘두르는 특권계층에 속한다. 이들이 소유한 부는 권력을 창출하는 원천으로 그 힘은 방향을 알기 어려울 정도이다. 재벌의 특권은 세상 사람들이 알고 있는 "정의"에 대한 개념도 "정의는 이기는 게 아니라, 이기는 게 정의다."라고 바꾸어 버리는 것처럼 보인다. 김용철 변호사가 쓴 『삼성을 생각한다』에서 우리는 재벌이 얼마나 특권의식 속에서 살아가며 무소불위의 힘으로 세상을 주무르는지 알 수 있다. "유전 무죄, 무전 유죄"라는 말은 재벌과 변호사 및 검찰의 합작품이라고 해도 과언이 아닐 것이다. 그렇다면 부를 소유한 것으로 특권계층이 되기 위한 재산은 어느 정도

일까? 이것은 부동산 소유를 통해서 살펴보면 어느 정도 가늠할 수 있다. 손낙구의 『부동산 계급사회』에서 알려 준 정보에 의하면 집을 여러 채 소유한 집부자 100명이 소유한 전체 주택 수는 1만 5,564채로 1인당 평균 156채를 소유하고 있다. 100명의 다주택 소유자 가운데 가장 많은 주택을 소유한 사람은 혼자 1,083채의 주택을 소유하고 있다. 이 정도라면 부동산 및 주택 소유의 윤리 도덕적 기준을 생각해 봐야 할 것 같다.

종교 속에서도 특권계층은 존재하는 것처럼 보인다. 다른 종교는 잘 모르겠지만 특히 개신교 안에 특권계층이 존재하는 것처럼 보인다. 종교 속의 특권계층은 유대인이 대표적인 사례이다. 신약성경에 의하면 1세기 당시 유대인들은 아브라함의 자손이라는 혈통과 족보를 앞세워 자신들만이 하나님의 거룩한 백성이라는 사상 속에서 특권의식을 갖고 있었으며, 이방인들을 차별하였다. 하지만, 바울은 "의인은 없나니 하나도 없다"롬2:10고 선언하고, 유대인이나 이방인이나 모두 죄로 말미암아 심판을 받을 수밖에 없으며, 예수 그리스도를 믿음으로 말미암아 참 이스라엘 백성이 될 수 있다고 가르친다. 바울은 유대인들의 특권의식에 대하여 분명하게 "겉모양으로 유대 사람이라고 해서 유대 사람이 아니요, 겉모양으로 살에다가 할례를 받았다고 해서 할례가 아닙니다"롬2:28, 표준새번역라고 선언한다. 바울은 기독교 안에서 특권계층은 있을 수 없다는 것이다.

베드로 사도는 예수 그리스도를 믿는 사람들에게 "너희는 택하신 족속이요 왕 같은 제사장들이요 거룩한 나라요 그의 소유가 된 백성이니 이는 너희를 어두운 데서 불러내어 그의 기이한 빛에 들어가게 하신 이의 아름다운 덕을 선포하게 하려 하심이라."벧전2:9고 선언하며 특권계층을 부인한다. 16세기 종교개혁자들은 로마 가톨릭 종교에서 사제들이 누렸던 특권을 거부하며 예수 그리스도 안에서 성직자들이 특권계층이 아님을 분명히 하였다. 하지만, 오늘날 기독교의 현실은 목사라는 직분이 특별한 사회적 신분과 계층이 되어 버린 것 같고, 실제로 특권계층으로 존재하며 교회 안에서 무소불위의 권력으로 군림하는 모습을 볼 수 있다. 오늘날 교회 안에서는 목사뿐만 아니라, 장로나 안수집사, 권사 등의 모든 직분이 마치 특권계층처럼 보이도록 만들어 버렸다. 교회 안의 모든 직분은 하나님의 교회인 성도를 섬기며 보살피고, 사람들에게 복음을 전하며 가난하고 소외된 사람들에게 하나님의 사랑을 실천하는 일을 맡은 것인데, 이제는 명예와 특권을 누리는 직분이 되어 버린 느낌이다. 교회의 여러 직분은 "성도를 온전하게 하여 봉사의 일을 하게하며 그리스도의 몸을 세우려 하심이라."엡4:12고 교훈한 바울의 교훈을 되새겨야 할 것이다.

생태 환경 보존을 위한 그리스도인의 역할

지구온난화의 문제는 현대를 살아가는 모든 사람들에게 더는 낯선 주제가 아니다. 전 세계적으로 대부분의 나라가 생태 환경 보존을 위하여 목청을 높이며 대안을 내놓고 있다. 미국 항공우주국NASA은 최신 위성자료를 근거로 북극 빙하의 전체 부피가 4년 전보다 절반 수준으로 감소한 사실을 근거로 북극 빙하가 5년 내에 다 녹을 수도 있다는 충격적인 전망을 내놓았다. 만일 이렇게 된다면 우리는 2014년 이후에 북극 빙하를 다시 볼 수 없다. 이와 같은 지구온난화의 심각성은 우리나라에서도 이미 감지되고 있다. 2009년 3월 24일 통계청이 발표한 '지구온난화에 따른 농어업 생산 변화'에 의하면 한반도 연해에서 냉수성 어족인 명태와 도루묵은 사라지고 온수성 어족인 오징어와 멸치의 생산량이 늘고 있다는 것이다. 이 자료에 의하면 온대 과일인 사과는 우리나라가 아열대 기후로 변화되면서 재배 면적이 줄어드는 추세라고 한다.

우리가 살아가는 이 땅의 생태 환경 보존 문제는 이미 나 자신 뿐 아니라 함께 존재하는 모든 생물의 생존 문제가 된 것이다. 모든 그리스도인은 생태 환경 보존을 위하여 노력하는 것도 생명을 사랑하시는 하나님께 순종하는 일임을 인식해야 한다. 이제는 더 이상 무분별한 국토 개발과 개간을 경제 살리기라는 미명

아래 자행하지 않도록 그릇된 경제 인식을 불식시키는 일에 그리스도인도 함께 힘써야 할 것이다. 모든 사람이 경제적 이득만을 위하여 살아가는 삶을 버리고 있는 그대로의 자연 속에서 생태 공간을 훼손하지 않고 자신과 그 자손들이 안전하게 살아갈 수 있도록 노력해야 한다. 이런 일은 생태 환경 보존이 이 땅에서 호흡하며 살아가는 그리스도인의 역할 중 하나라는 인식에서 출발할 수 있다. 하나님께서 사람에게 주신 삶의 터전인 자연 속의 생태 환경을 훼손하는 일은 큰 죄악 중 하나임을 알아야 한다. 생태 환경이 파괴되어 생물이 존재할 수 없는 터전 위에 인간 또한 살아갈 수 없음을 명심하지 않는다면 우리는 비극적 종말을 맞이할 수밖에 없다.

성경은 하나님께서 인간을 창조 하신 후에 "온 지면의 씨 맺는 모든 채소와 씨 가진 열매 맺는 모든 나무"를 주셔서 먹을거리가 되게 하셨다고 가르친다.^{창1:29} 하지만, 처음 사람 아담이 죄를 지어 땅은 저주를 받아 가시덤불과 엉겅퀴를 내게 되었다는 사실도 알려준다.^{창3:17-19} 이것은 인간의 죄악으로 말미암아 자연이 훼손되었음을 암시한다. 그럼에도 하나님은 노아 홍수 후에 다시 사람들에게 새로운 자연을 주시며 이 땅에서 살아갈 수 있도록 복 주셨다.^{창9:1-3} 노아 홍수 후에 하나님께서 인간에게 새롭게 주신 이 자연을 보존하며 살아가는 것은 "생육하고 번성하여 땅에 충만하라"^{창9:1}는 하나님의 말씀에 순종하는 것이다. 이런 점에서 그리스도인은 개인적으로 자연을 파괴하는 잘못된 생활 습관을 버리려고 끊임없이 노력해야 하며, 그 어떤 종류의 생태 환경 파괴의 시도에 분명히 반대할 수 있어야 할 것이다.

생태 환경 보존은 결코 인간의 안전한 삶

을 위한 것만이 아니라, 모든 생물도 더불어 살아가기 위함이다. 그것은 인간과 함께 이 땅에 살아가는 생물들이 하나 둘씩 자연 생태 파괴로 죽어갈 때 인간만이 홀로 살아남을 수 없기 때문이다. 그리스도인들이 생태 환경 보존을 위하여 할 수 있는 역할은 아주 사소한 것에서부터 시작할 수 있을 것이다. 그것은 각자의 삶에서 환경오염을 최대한 막기 위하여 노력하는 일로부터 시작하여 교회 공동체의 삶으로 옮겨가는 것이며, 내가 일하는 직장과 터전까지 넓혀 가는 것이다. 이 일을 위하여 그리스도인들이 생태 환경을 바라보는 의식이 변화되고 생활방식이 바뀌어야 한다. 더욱이 생태 환경 보존을 위한 노력도 그리스도인들이 하나님께 드리는 예배와 함께 삶으로 드리는 예배와 같은 중요한 의무라는 사실을 알아야 한다. 생태 환경 보존이라는 시각으로 우리 주변의 일들을 바라보고 그리스도인으로서 우리가 할 수 있는 일들이 무엇인지 살펴봐야 할 것이다.

서해와 한강의 물길을 잇는 경인운하의 주운 수로를 연결하는 공사가 드디어 시작되었다. 물론 경인운하 공사가 2009년 3월 25일 시작된 것이라고 하지만, 굴포천 방수로 공사는 이미 그 이전부터 계속 진행되고 있었다. 다만 경인운하라는 이름 아래 그동안 진행되었던 모든 일이 공식적인 인정을 받게 되었다는 뜻이라고 할 수 있다. 경제성 논란과 함께 환경단체의 반대 및 지역 주민의 줄기찬 찬반 토론에도 불구하고 경인운하는 결국 착공된 것이다. 정부의 4대강 살리기 사업과 함께 앞으로 얼마나 더 많은 길고 짧은 운하들이 각 지역에서 만들어져 이 작은 땅덩어리를 갈라놓을지 알 수 없지만, 그리스도인들은 이런 일에 먼저 그 무엇보다 생태 환경 보존과 관련해서 관심을 갖고 필요한 역할을 감당해야 할 것이다. 운하의 문제만이 아니라 근본적으로 이 땅에서 벌어지는 여러 가지 생태 환경 파괴와 관련된 일에 하나님의 긍휼하심을 간구하며, 이 땅의 생명을 사랑하시는 하나님의 뜻을 헤아려 교회 공동체에 속한 모든 그리스도인이 먼저 생태 환경 보존을 위하여 앞장서야 할 것이다.

변화를 기대하는 사회

2008년 미국 대통령 선거 결과 버락 오바마가 제 44대 대통령으로 당선이 확정되었다. 매번 그랬지만 특히 이번 미국 대통령 선거는 전 세계의 이목을 집중시켰는데, 그 이유 중 하나는 인종 차별이 아직도 심한 나라로 인식되고 있는 미국에서 흑인 대통령 후보가 등장했기 때문이다. 선거 결과는 '변화' Change를 구호로 외치며 미국의 변화 가능성을 역설했던 오바마가 대통령으로 당선이 확정된 것이다. 이번 대통령 선거 결과에 대하여 미국 시민들은 흥분을 감추지 못하며 환영했고, 미래에 대한 큰 변화를 기대하고 있다. 유럽의 여러 국가들과 아시아의 국가들도 선거 결과를 환영하며 당선자에게 축하의 메시지를 보내고 긍정적인 역할과 변화를 기대하고 있다.

미국 대통령 선거에서 승리한 오바마는 꿈이 이루어 낸 결과라고 말할 수 있다. 그 꿈은 미국의 변화가 가능하고 실현 될 것이라고 확신한 것이며, 미국 시민들은 그 변화를 선택한 것이다. 미국의 새로운 변화는 이제 시간이 문제일 뿐이며, 이미 시작되었다. 미국의 변화는 경제적인 측면에서 가장 신속하게 이루어질 것으로 예측된다. 왜냐하면 오바마는 그동안 신자유주의 사상에 깊이 뿌리 내린 미국 경제와 국제금융가가 변화되어야 할 것을 강조했기 때문이다. 그의 경제 정책의 핵심은 시장에서 정부의 역할을 중시하고 부자들에게서 세금을 많이 걷어서 경기를 부양시키고 저소득층을 지원하겠다는 것이다. 이런 정책은 그동안 시장의 자율과 개방화 및 감세에 치중해왔던 신자유주의와는 직접적으로 배치되는 놀라운 변화이다.

한 사람이 간직하고 있었던 꿈과 사상이 한 나라와 세계를 변화시키기에 충분한 것임을 미국 대통령 선거를 통해서 어느 정도 확인하게 된다. 오바마가 선거 기간 내내 역설한 '변화'는 오늘날 우리 교회와 사회에도 요구되는 필수 요소이다. 현재 우리 사회는 거의 모든 면에서 긍정적인 변화를 요구한다. 긍정적인 변화는 사람이 사람 자체로 인격적 대접을 받으며 생명의 가치가 존중되는 사회로의 변화를 의미한다. 이것은 물질의 소유로 사람을 저울질하는 사회가 아니며, 학벌과 지연 및 혈연으로 구조화된 사회가 아니고, 20퍼센트의 가진 자가 80퍼센트의 사람들을 좌지우지하는 사회가 아니라, 자기의 역할을 성실하게 감당하는 것 자체만으로 인정을 받으며, 모두 함께 더불어 평균되게 살아가는 사회로의 변화를 의미한다.

사도 바울은 로마서에서 "너희는 이 세대를 본받지 말고 오직 마음을 새롭게 함으로 변화를 받아 하나님의 선하시고 기뻐하시고 온전하신 뜻이 무엇인지 분별하도록 하라"롬12:2고 말한다. 성경은 그리스도인들이 이 세상의 삶에 익숙해지며 잘 적응하는 것을 경계하며 오히려 세상의 삶의 방식을 본받지 말고 새로운 삶의 방식으로 변화할 것을 요구한다. 이런 변화는 하나님의 신실하신 뜻을 헤아리기 위함이다. 이런 삶의 방식은 마음과 생각이 완전히 바뀌지 않으면 불가능한 일이다. 변화는 마음과 생각이 완전히 바뀌는 것에서 시작된다. 이것은 근본적인 변화를 의미하는 것으로 삶의 방식 정도가 아니라, 모든 관점, 시각, 세계관, 철학, 등이 완전히 바뀐 것을 의미한다. 이런 근본적인 변화는 사람의 의지와 결단으로 어느 정도까지 가능할지 모르지만, 실제로 거의 불가능한 것이다. 이런 변화는 그리스도 안에서 하나님의 은혜로만 가능한 것이다.

바울은 그리스도인의 정체성에 대하여 "누구든지 그리스도 안에 있으면 새로운 피조물이라 이전 것은 지나갔으니 보라 새 것이 되었도다"고후5:17라고 말한다. 그리스도인들은 이미 근본적으로 변화된 사람이라는 것을 "새로운 피조물"이 된 것으로 표현한 것이다. 이런 점에서 교회는 변화된 사람들이 함께 하는 공동체로서 세상과 다른 모습이어야 한다. 교회 공동체는 세상에서 그 유래를 찾아 볼 수 없는 근본적으로 변화된 새로운 공동체이어야 한다. 그렇지만 교회 공동체를 향한 변화의 요구는 오늘날도 끊임없이 계속되고 있다. 목회자로부터 시작해서 일반 성도에 이르기까지 근본적인 변화가 일어나야 하는데, 일상의 삶에 익숙해지듯이 이제는 교회가 세상의 여러 가지 좋지 않은 냄새를 풍기고 있는 상황이다. 그러므로 세상은 교회를 향하여 손가락질 하며 기독교를 개독교로 부르고 압박과 집중적인 공격을 늦추지 않는다.

변화를 요구하는 사회 속에서 그리스도인들이 하나님의 말씀에 순전히 반응하여 근본적인 변화를 이루어 새로운 믿음의 공동체인 교회를 세워나가지 않으면 파멸은 그렇게 멀리서 기다리고 있지만은 않을 것이다. 교회의 근본적인 변화는 하나님의 말씀 앞에 모든 사람이 평등하며 서로 사랑을 실천하고, 세상의 지위

나 학벌 및 세상의 물질이 힘을 발휘하지 못하는 공동체로 만들어 가는데 있다. 변화를 요구하는 사회 속에서 교회가 진정 변화되기를 바란다면 최소한 교회의 투명한 재정 예산과 지출 및 감사 결과의 공개, 교회의 인사 및 여러 가지 행정의 투명하고 적법한 절차 및 시행, 모든 회의에서 의제에 대한 활발한 논의 및 다양한 견해의 수용과 합리적 결론 도출, 등을 실천하는 일을 심각하게 고려해야 할 것이다. 허물을 벗지 못하는 뱀은 죽는다. 하나님의 말씀으로 말미암아 근본적으로 변화되지 않으면 죽음을 맛볼 수밖에 없을 것이다.

오병이어, 예수가 베푼 무상 급식

우리나라 정치권에서 무상 급식에 대한 논의가 현재 활발하게 개진되고 있다. 화두가 되고 있는 무상 급식은 의견을 개진하는 사람에 따라 조금씩 차이가 있지만 그 의미는 대체로 "초등학교와 중, 고등학교에 다니는 학생들에게 정부가 무상으로 점심을 제공하는 것"을 의미한다. 하지만, 무상 급식은 학생들에게 제공되는 것뿐 아니라, 기초생활 수급자 및 노약자, 노숙자, 등 실제 무상 급식이 필요한 사람들에게 정부산하 기관 및 공익 단체나 종교 단체, 그리고 개인이 실시하고 있는 다양한 형태를 모두 포함한다.

이 글에서는 무상 급식을 급식이 필요한 사람들에게 무상으로 음식을 공급하는 것으로 정의하고 이것과 관련된 성서의 가르침을 찾아보려고 한다. 성서에서 무상 급식의 형태를 어느 정도 찾아 볼 수 있지만, 일차적으로 성서는 무상 급식보다 가난한 자에 대한 관심이 지대하다. 가난한 자에 대한 성서의 관심과 가르침은 무상 급식과 어느 정도 관련이 있다. 가난한 자에게 있어서 가장 절실한 것은 생존 그 자체이기 때문이다. 생존할 수 있을 정도의 음식을 갖고 있다는 것은 가난한 자들에게 가장 중요한 삶의 기본 요소이다. 구약성서 신명기는 가난한 자들이 농산물을 지주와 함께 나누어 가질 수 있는 기회를 구체적으로 가르친다. 신14:22-29; 24:19-22 이런 점에서 성서가 영적인 면 뿐 아니라 물질적인 면에서도 지대한 관심을 갖고 있음을 알 수 있다. 가난에 대한 성서의 가르침과 관련하여 교회에서 가난한 사람들에게 제공하는 무상 급식은 성서의 가르침을 따르는 일로 이해할 수 있다.

가난은 모든 시대에 존재해 왔고, 가장 중요한 사회 문제 가운데 하나로 다루고 있다. 그 이유는 먹고 사는 생존의 문제가 달려있기 때문이다. 가난의 문제는 생명을 부지하기 위한 먹는 문제와 직결되어 있기에 그 무엇보다도 가장 중요한 주제이다. 구약성서 신명기 15장 11절은 "땅에는 언제든지 가난한 자가 그치지 아니하겠으므로 내가 네게 명령하여 이르노니 너는 반드시 네 땅 안에 네 형제 중 곤란한 자와 궁핍한 자에게 네 손을 펼지니라."고 가르친다. 이런 구약성서의 가르침은 신약성서 속에서 "가난한 자들은 항상 너희와 함께 있다."라는 표현으로 동일하게 나타난다.^{참조. 마 26:11; 막14:7; 요12:8} 성서의 가르침은 가난에 대하여 사회가 서로 관심을 기울여야 한다는 것이며, 가난이 이 땅에 계속되고 있는 이유는 가난을 종식시키려는 노력을 사람들이 하지 않고 있다는 것이다. 이러한 모습이 오늘날 무상 급식과 관련하여 나타나는 것으로 이해할 수 있다.

구약성서에서 무상 급식의 한 모습은 구약성서 열왕기하 4장 42-44절에서 그 실례를 찾아 볼 수 있다. 선지자 엘리사는 바알 살리사^{Baal Shalishah}에서 온 사람이 가져온 처음 거둔 보리로 만든 빵 스무 덩이와 자루에 가득 담은 햇곡식을 백여 명의 사람들이 무상으로 배불리 먹고 남도록 하였다. 이 사건은 기적을 행한 선지자 엘리사의 모습보다 인간의 필요를 채운 선지자의 동정심과 깊이 관련되어 있다. 인간의 기본적인 욕구 가운데 하나인 식욕, 특히 살기위한 기본적인 몸부림으로서 인간의 먹는 문제를 취급하는 선지자의 모습이 이 사건의 그림 가운데 중심에 놓여 있다. 백여 명이나 되는 많은 사람들의 급식 문제를 해결하면서 그 사람들이 배불리 먹고 남은 것은 하나님의 관심을 선지자가 잘 이해하고 있음을 보여준다.

신약성서에서 무상 급식의 형태는 예수께서 보여주신 오병이어의 기적 사건에서 찾아 볼 수 있을 것이다. 오병이어의 기적 사건은 네 복음서에 모두 기록된 사건으로 복음서 기자들이 예수께서 많은 사람들의 먹는 문제를 해결한 것에 지대한 관심을 갖고 있음을 반영하고 있다. 참조. 마14:13-21; 막6:30-44; 눅9:10-17; 요6:1-15 오병이어의 기적 사건이 발생한 동기에 대하여 예수의 동정심과 관련하여 복음서 기자는 예수께서 많은 사람들을 보시고 "불쌍히 여겼다"라고 간접적으로 알려 준다.마14:14; 막6:34 더욱이 예수의 제자들이 그를 따르는 많은 사람들에게 먹는 문제를 스스로 해결할 수 있도록 "이곳은 빈들이고 날도 이미 저물었으니 무리를 헤쳐 보내서 각자 먹을 것을 사먹게 마을로 내려 보내는 것이 좋겠습니다."라고 제안했을 때, 예수께서는 "그들을 보낼 필요가 없다. 너희가 그들에게 먹을 것을 주라"고 하셨다.마14:15-16; 막6:36-37; 눅9:12-13 예수께서 많은 사람들의 기본적인 삶의 필요인 먹는 문제를 이미 알고 계시고 제자들에게 무상으로 그들에게 급식하도록 명령하신 것이다.

하지만, 제자들이 갖고 있는 음식은 허기진 많은 사람들을 먹이기에 부족하였다. 예수의 제자인 시몬 베드로의 형제 안드레는 예수께 한 아이가 갖고 있는 보리떡 다섯 개와 물고기 두 마리를 알렸다.^{요6:8} 예수께서 많은 사람들을 여러 그룹으로 모여 앉게 한 후 기도하시고 음식을 나누어 먹게 했을 때, 음식을 무상으로 받아먹은 사람들의 수는 오천 명쯤 되었다.^{요6:10} 이런 점에서 이 사건은 예수께서 행하신 기적 사건으로 사람들에게 무상 급식을 한 사례로 이해할 수 있다. 예수께서 행하신 무상 급식의 또 다른 모습은 마태복음 15장 32-39절과 마가복음 8장 1-10절에 기록되어 있는 약 사천 명의 사람들을 먹이신 사건이다. 신약성서에 기록된 이 급식 사건들에서 예수는 사람들에게 음식을 무상으로 공급한 것이다. 이것은 오늘날 논의되고 있는 무상 급식의 한 실천적인 예로 볼 수 있을 것이다. 예수께서 많은 사람들의 생존에 필요한 먹을 것을 준비하여 무상으로 공급하였다면 예수를 따르는 모든 사람들은 동일한 노력을 실제로 기울여야 할 것이다.

예수께서 많은 사람들에게 음식을 값없이 나누어 주신 사건은 가난한 자들에게 관심을 갖고 있는 성서의 가르침을 실천한 것으로도 이해할 수 있다. 먹고 사는 일은 가난한 사람들에게 언제나 가장 중요한 문제이기에 하나님은 모든 사람들이 함께 그들을 보살피고 돌보도록 말씀하신다. 무상 급식과 관련하여 하나님께서 가난한 사람들의 먹는 문제를 해결할 수 있도록 방안을 마련했을 때, 가장 관심을 가지신 것 가운데 하나는 그들의 자존감을 고려한 것이다. 이런 모습은 가난한 자들을 위하여 밭의 소출을 완전히 거두어들이지 않도록 규정한 규례에서 찾아 볼 수 있다.^{신24:19-22} 이런 명령은 가난한 사람들이 다른 사람들의 눈치를 보지 않고 자유롭게 필요를 따라 남은 이삭들을 주워 가질 수 있도록 한 방책이기 때문이다. 이런 방법을 통해서 부한 자도 가난한 자도 서로 모르게 돕고, 도움을

받을 수 있도록 한 것이다. 참조. 마6:3-4 생존에 필요한 먹을 것과 관련
된 자존감의 상처는 평생을 두고 따라 다니는 것으로 이것은 인권 유
린의 문제로 이해할 수 있다. 이런 자존감의 문제까지를 성서는 이미
고려하고 있는 것이다.

　　　　　　　물질적인 가난에 대해서 경시하고 무시하
면서 영적인 가난함에 대해서만 관심을 갖는 것은 비성서적인 태도이
다. 무상 급식이 가난한 자들을 돕는 임시방편이 될 수 있지만 이런
방식은 근본적인 문제를 해결할 수 없다. 하지만, 근본적인 대책을 마
련하기 이전에 무상 급식이란 방법을 통한 당장의 배고픔과 생존의
문제를 잠시라도 해결하는 것은 성서의 가르침을 실천하는 것이라고
할 수 있다. 가난에 대한 성서의 궁극적인 가르침은 무상 급식이나 자
선을 베푸는 것으로 만족하지 않고, 사람들이 회심하여 함께 가난을
종식시키려는 노력을 실제적으로 기울이는 것이다. 그 노력의 한 모
습이 무상 급식이 될 수 있을 것이다. 믿음의 공동체는 물질적인 가난
을 묵과하지 말아야 하며, 특히 생존을 위협하는 먹는 문제에 함께 적
극적으로 참여해야 한다. 믿음의 공동체가 갖고 있는 모든 재원은 가
난을 종식시키며 생존을 위한 몸부림 속에 있는 자들의 허기진 배를
채우는 무상 급식을 위해 사용될 수 있어야 할 것이다.

공정사회를 위한 그리스도인의 책임

지난해에 화제가 된 책 가운데 하나는 하버드 대학교의 마이클 샌델 교수가 쓴 『정의란 무엇인가?』이다. 인문사회학 책이 베스트셀러가 되는 일은 그리 흔한 일이 아니다. 이 책은 이명박 대통령이 여름휴가 기간에 읽은 책이라고도 한다. 대통령의 연설 가운데 '공정사회'라는 단어가 사용된 것도 이 책과 무관해 보이지는 않는다. 공정사회는 공평하고 정의로운 사회를 의미한다고 이해할 수 있는데, 과연 우리 사회가 현재 얼마나 공평하고 정의로운 사회인지 묻지 않을 수 없다. 공정사회를 구성하는 요소는 무엇일까? 어떤 사회를 공정사회라고 할 수 있을까? 쉽게 대답할 수 없는 질문들이다. 얼마 전 정부는 다시 공정사회의 구호를 외치기 시작했다. 정부가 지난 2월 19일 '1차 공정사회 회의'를 열었다. 대통령이 지난해 광복절 경축사를 통해 '공정사회'를 처음 내건지 반년만의 일이다. 우리나라에서 공정사회는 과연 가능한 것일까. 계간지 「역사비평」 2011년 봄 호는 공정사회의 전제조건 가운데 하나로 세금 문제를 제기한다. '조세의 공공성을 묻다'라는 주제로 특집을 마련한 것이다. 우리 사회에서 공정해야 할 문제가 많이 있지만 그 가운데 가장 중요한 것이 세금 문제라고 생각한 것이다. 세금 문제도 중요하지만, 이것이 전부는 아닐 것이다.

우리는 정의가 이기는 것이 아니라 이기는 것이 정의라고 이해하는 사회에 살고 있다. 이런 현실은 과거에 김용철 변호사의 양심고백으로 촉발된 삼성 그룹 수사에서 이미 경험했다. 검찰은 이건희 전 회장을 경영권 불법승계 혐의로 기소하고 징역 3년, 집행유예 5년, 벌금 1천 100억 원을 선고하였다. 하지만, 이명박 대통령은 기소된 지 얼마 되지 않은 그를 사면하였던 것이다. 분명히 세상에 존재하는 것은 눈에 보이는 힘과 여러 종류의 현실적 권력이며, 그런 힘과 권력은 공평과 정의를 위하여 사용되기 보다는 불의를 정의로 착각하는데 오용되거나 남용되고 있다. 우리 사회에서 정의가 이기는 모습을 과연 어디에서 볼 수 있을까? 그동안 5년여 세월 속에 여러 가지 불법과 비리로 신음하던 아세아연합신학대학교의 교수들이 그렇게 원했던 학내사태가 올바로 해결되어가는 모습을 지켜보면서 정의가 이기는 현실을 조금 보는 것 같아서 힘이 난다. 적지 않은 교수들이 학교의 불법과 불의에 굴하지 않고 오랜 기간 동안 함께 마음과 뜻을 모아 법적 공방을 벌인 결과 이제야 잘못된 일이 드러나고 굽어졌던 것이 곧게 펴지게 된 것이다. 공정사회를 위한 하나의 신호탄이 되기를 바라며, 동시에 다른 모든 사립신학대학원대학교를 향하여 경종을 울리는 계기가 되기를 기대한다.

공정사회를 위한 그리스도인의 역할은 바로 이런 점에서 시작되어야 할 것이다. 아모스 선지자는 이스라엘 백성들을 향하여 "오직 정의를 물 같이, 공의를 마르지 않는 강 같이 흐르게 할지어다."암5:24라고 선포하였다. 모든 그리스도인은 자기가 속한 믿음의 공동체인 교회와 직장, 단체, 그리고 이 사회 속에서 정의가 물 같이 흐르도록 노력해야 하며, 공의를 마르지 않는 강처럼 흐르게 해야 할 책임이 있다. 불법이 자행되며 정의가 굽어지는 것을 보면서도 입이 있어도 말 못하는 짐승처럼 침묵하면 그 사람은 스스로 살처분을 기다리는 구제역에 감염된 소와 돼지의 신세가 되고 말 것이다. 신구약성서는 공정사회를 위한 그리스도인의 책임을 분명히 가르치고 있다. 예수께서 외식하는 서기관들과 바리새인들을 향하여 화가 있을 것이라고 말씀하시면서 "너희가 박하와 회향과 근채의 십일조는 드리되 율법의 더 중한 바 정의와 긍휼과 믿음은 버렸다."마23:23고 책망했다. 그리스도인들이 교회당 안에서 예배를 드리며 봉사하고, 하나님을 찬양하는 종교의식 행위에만 만족하며 그 속에 안주하고 있을 때, 서기관과 바리새인들에게 하신 동일한 말씀은 화살처럼 날아올 것이다.

잠언 21장 3절은 아주 분명하게 "공의와 정의를 행하는 것은 제사 드리는 것보다 여호와께서 기쁘게 여기시느니라."고 말한다. 공정사회를 위한 그리스도인의 책임과 역할은 성서가 가르치는 정의의 목소리를 외치며, 불법과 불의를 고발하고, 그 현장에서 행동으로 정의와 공평을 보여주는 것이다. 박노해 시인이 최근 출판한 시집 『그러니 그대 사라지지 말아라』에서 노래한 "침묵의 나라"의 한 소절, "정의와 진보를 거침없이 말하던/ 나의 대통령과 지도자들은/ 찬란하게 인류 앞에 침묵했다/ … 오 거짓 국익 앞에만 다 이내믹한 코리아여/ 네가 짓밟히고 피에 젖어 울부짖을 때/ 세계는 너의 침묵을 찬란히 돌려주리라"와 유사한 현실이 되지 않도록 그리스도인들은 책임을 다해야 할 것이다. 불의에 침묵하는 것은 동조하는 것이다.

그리스도인들은 공정사회를 추구하면서

가장 먼저 내가 속한 작은 사회인 교회와 직장, 내 삶의 터전에서 공평과 정의를 추구하며 스스로가 정의로운 삶을 구현해 나가야 할 것이다. 내가 속한 믿음의 공동체인 교회가 공평과 정의가 흐르는 모습으로 세워져 갈 수 있도록 힘쓰고 노력해야 한다. 올바르지 못한 모습을 바로잡는 일에는 믿음과 용기가 필요하다. 때로는 성서가 가르치는 공평과 정의를 위하여 육신의 몸을 불살라버려야 할 상황을 맞이할 수도 있기 때문이다. 정의롭지 못한 현실에 안주하여 안정과 번영을 누리기만 할 것이 아니라, 보다 나은 미래를 다음 세대에 물려주려면 공정사회를 위한 그리스도인의 책임을 다해야 할 것이다.

공정사회와 공생발전

이명박 대통령이 2010년 "공정사회와 동반성장"을 주장한지 1년이 지났다. 금년 광복절 경축사에서는 "공생발전"을 들고 나왔다. 공정한 사회로 가기 위한 발걸음을 막 내딛으며 그 열매를 기대하기도 전에 이제는 "공생발전"이다. 공생발전의 "공생"이란 의미를 살펴볼 때 공정과 상생을 뜻하는 합성어로 보이는데 말만 앞세우는 정치사기가 되지 않도록 실천적 의지를 보여주어야 감동이 있을 것이다. 한나라당 여의도연구소장인 정두언 국회의원은 트위터에 올린 글에서 "(대통령이 지난해 8.15 경축사에서) 공정사회를 들고 나올 때 민간인 사찰사건이 터졌다"면서 "총리실 담당자만 처벌하고 누구나 아는 윗선은 수사조차 안 했으며, 심부름하던 담당 행정관은 모처에서 특별대우를 받으며 조사를 마쳤다. 총리실 압수수색은 충분히 대비할 시간을 준 다음에 실시했다. 이걸로 공정사회는 종쳤다"고 말한다. 지금까지 이명박 대통령이 제시한 국정철학은 "녹색성장"2008년, "친서민"2009년, "공정사회"2010년로 국민들에게 요란하게 선전됐지만 그 실천적 성과는 없었다는 점을 지적한 것이다. 결국 금년에 제시한 "공생발전" 역시 과거와 비슷할 것이란 인식이다. 현란한 말과 구호보다는 대통령과 청와대가 앞장서서 솔선수범하여 진정성을 보여주어야 할 것이다.

그렇다면 공정사회는 어디로 간 것일까? 이제 우리나라에서 공정사회는 실패한 것인가? 공평하고 정의로운 사회의 구현이 어렵게 되었기에 "공생발전"을 들고 나온 것인가? 이 대통령은 "공생발전"의 내용으로 윤리경영, 자본의 책임, 생활의 정치, 포용적 성장, 등의 개념을 제시하면서, "발전의 양 못지않게 발전의 질이 중요하다. 기후변화에도 대응하고 생존 기반도 다지는 발전, 격차를 확대하는 게 아니라 줄이는 발전, 고용 없는 성장이 아니라 일자리를 늘리는 성장이 돼야 한다. 서로 보살피는 따뜻한 사회가 돼야 한다."고 그 의미를 밝혔다. 하지만, 공정사회를 실천하지 않고 공생발전을 기대하는 것은 사상누각이요 뜬구름 잡는 격이다. 우리 사회에서 정의가 올바른 것이며, 결국 승리한다는 믿음을 과연 어디에서 볼 수 있을까? 현실적으로 세상에서 쉽게 볼 수 있는 것은 눈에 띠며 피부로 느낄 수 있는 물리적 힘과 다양한 현실적 권력이며, 그런 힘과 권력이 정의로 오용되거나 남용되고 있다. 정의란 무엇인가를 소리쳐 묻고 대답을 구하지만, 정의는 눈에 보이지 않고 대답 없는 메아리만 돌아올 뿐이다.

"공정사회"와 더불어 "공생발전"이란 화두가 과거에 제시한 "녹색성장"이나 "친서민"과 비슷하게 말잔치로 끝나지 않으려면 이를 구체적으로 뒷받침할 정책이나 법률안의 제정 및 개정이 뒤따라야 한다. "공정사회"를 주장하면서 아직도 해결하지 못하고 있는 사회 양극화 해소와 비정규직 문제 등에 대해서 개선대책을 마련하지 않으면 "공생발전" 역시 공허한 말잔치일 수밖에 없다. "공생발전"을 말하면서 감세정책으로 국가의 재정건전성을 악화시킨 장본인이 "정치권의 경쟁적인 복지 포퓰리즘이 국가부도 사태를 낳은 국가들의 전철을 밟아선 안 된다."고 말하고, "잘사는 사람들에게까지 복지를 제공하느라 어려운 이들에게 돌아갈 복지를 제대로 못하는 우를 범해서도 안 된다."고 주장하는 것은 앞뒤가 맞지 않는 말이다. 김영삼 정부가 IMF를 초래하면서 국민총생산GDP 대비 30%대의 국가채무를 낳았는데, 이명박 정부는 22조원의 4대강 사업을 비롯한 막대한 토건재정 투입과 함께 부자감세를 단행해 국가 세수규모를 줄이면서 국가채무와 공기업 부채를 증가시켜 국가재정 악화를 초래하고 있다. 국가재정을 가장 방만하게 운영했다는 평가를 받는 이 정부가 국가의 "재정건전성"을 강조하며 "복지포퓰리즘" 공세를 펼치는 것은 그 자체가 아이러니이다.

공평하고 정의로운 사회는 일반 사회에서뿐만 아니라 교회 속에서도 주장되어지고 실천되어져야 한다. 최근 불거지고 있는 교회의 불미스러운 여러 가지 사태들을 보면서 교회가 공정사회와 공생발전을 위해서 보여줄 모범이 없다는 자괴감에 가슴이 쓰리다. 목동에 소재한 한 교회의 경우 담임목사의 공금횡령 문제로 법정 다툼까지 갔다. 이런 교회가 공정사회와 공생발전을 위해 무엇을 보여줄 수 있을지 답답하다. 강남에 소재한 한 교회 건축의 경우는 공공 부지를 교회가 사용하도록 전례 없는 허가를 받아 특혜 논란이 계속되고 있다. 허가를 내준 관청도 그렇지만 교회 건축 과정에서 특혜 시비를 가져온 교회가 이 사회를 향해서 보여줄 수 있는 모범이 무엇인지 매우 궁금하다. 교회의 이런 모습들이 매우 특이한 몇몇 소수의 경우이기를 기대한다. 우리 사회가 부정부패의 어두운 모습을 보일 때 교회는 소금과 빛의 역할을 감당해야 한다. 교회도 이런 점에서 성경구절을 인용하면서 그럴듯한 감성적 표어만 내세울 것이 아니라 실천적 행동과 삶을 통하여 먼저 공정사회와 공생발전의 모범적 실례를 보여주어야 할 것이다. 교언영색이 따로 없을 정도로 말로는 완벽하지만, 실천이 없을 때 그 공허함은 슬픔을 넘어 분노로 바뀌는 것이다.

무상급식을 바라보는 그리스도인의 시각

무상 급식 논쟁의 열기가 한 여름의 폭염처럼 더욱 뜨겁게 달아오르고 있다. 무상급식은 이미 금년부터 초등학교를 중심으로 확대 실시되고 있지만 아직까지 뚜렷한 합의점을 찾지 못하고 논란을 낳고 있다. 지금까지 우리나라는 저소득층 자녀에게 한정하여 무상급식을 실시하였다. 하지만, 기준이 모호하고 불합리한 부분이 문제로 지적되었고, 무상급식을 제공 받는 아이들에게 눈칫밥을 먹인다는 일부 지적이 있어왔다. 지난해 지방선거를 기점으로 야당이 무상급식을 주요 공약으로 내세우면서 본격적인 사회적 이슈로 떠오르기 시작했다.

최근 서울시장이 주장하는 무상급식반대를 찬성하는 "복지포퓰리즘추방 국민운동본부"의 주민투표 청구인 서명부가 서울시에 접수되었다. 이 서명부에는 전체 서울시민 가운데 80만 1263명의 청구인 서명이 제출되었기에 유효서명 총수가 서울시 주민투표 청구권자 총수의 5%인 41만 8,000명은 넘길 것으로 보인다. 무상급식반대 주민투표 청구가 "주민투표청구심의회"에서 적법하다고 판단되면 이후에는 8월 말경에 무상급식반대 주민투표가 서울시에서 시행될 예정이다. 한 언론의 보도에 의하면 서울시가 접수한 무상급식반대 주민투표로 소요되는 비용이 약 182억 원이라고 한다. 이 엄청난 비용을 지출하면서 이 일을 반대해야 할 충분한 이유가 있는 것인지 도무지 이해할 수 없다. 서울시장은 무슨 의도로 무상급식 반대를 주민투표까지 끌고 가고 있는 것인지 이해할 수 없며. 서울시장의 명분은 현재의 무상급식이 부자급식 또는 외상급식이라며 복지 포퓰리즘으로 매도하고 있다.

국민들의 복지 요구가 갈수록 커지면서 정부는 재정지출 억제 원칙을 고수하려고 애를 썼지만 이미 지난달 "만 5세 무상보육"을 정부 스스로 공식 발표했다. 최근 논란이 되고 있는 "반값 등록금"에 대해서도 "전혀 수용할 수 없다는 입장은 아니며 균형을 찾는 데 노력할 것"이라며 재정부 장관은 한발 물러섰다. 재정부 장관은 "금융위기를 거치면서 사회안전망이 얼마나 중요한지 인식했다. 사회안전망을 내실화하겠다."고 밝혔다. 정부도 복지 확대가 일정부분 불가피함을 인정한 셈이다. 정부는 감세, 재정건전성, 사회안전망 확충 등 서로 다른 방향으로 뛰는 세 마리 토끼를 한꺼번에 잡아보려고 했지만 그것이 불가능한 일임을 어느 정도 인식한 것 같다. 하지만, 서울시장은 정부의 변화된 인식과도 큰 차이가 있어서 나홀로서기를 고집하고 있는 모습이다.

과연 무상급식은 무엇이 문제가 되는 것인가? 무상급식은 부자급식 또는 외상급식이며 복지 포퓰리즘인가? 그리스도인은 무상급식과 관련이 없는 사람들인가? 먹고 사는 문제인 무상급식은 그리스도인들에게도 예외가 될 수 없다. 이런 점에서 그리스도인들에게 무상급식에 대한 성경적인 올바른 시각이 필요하다. 성경에서 무상급식의 형태를 어느 정도 찾아 볼 수 있지만, 일차적으로 성경은 무상급식보다 가난한 자에 대한 관심이 많다. 가난한 자에 대한 성경의 가르침은 무상급식과 어느 정도 관련이 있다. 가난한 자에게 가장 절실한 것은 생존 그 자체이기 때문이다. 생존할 수 있을 정도의 음식을 갖고 있다는 것은 가난한 자들에게 가장 중요한 삶의 기본 요소이다. 신명기는 가난한 자들이 농산물을 지주와 함께 나누어 가질 수 있는 기회를 구체적으로 가르친다.참조. 신14:22-29; 24:19-22

가난은 모든 시대에 존재해 왔고, 가장 중요한 사회 문제 가운데 하나로 다루고 있다. 그 이유는 먹고 사는 생존의 문제가 달려있기 때문이다. 가난의 문제는 생명을 부지하기 위한 먹는 문제와 직결되어 있기에 그 무엇보다도 가장 중요한 주제이다. 신명기 15장 11절은 "땅에는 언제든지 가난한 자가 그치지 아니하겠으므로 내가 네게 명령하여 이르노니 너는 반드시 네 땅 안에 네 형제 중 곤란한 자와 궁핍한 자에게 네 손을 펼지니라."고 가르친다. 이런 구약성경의 가르침은 신약성경 속에서 "가난한 자들은 항상 너희와 함께 있다."라는 표현으로 동일하게 나타난다.참조. 마26:11; 막14:7; 요12:8 성경은 가난에 대하여 사회가 서로 관심을 기울여야 한다는 것이며, 가난이 이 땅에 계속되고 있는 이유는 사람들이 가난을 종식시키려는 노력을 하지 않고 있다는 것이다. 이러한 모습이 오늘날 무상급식과 관련하여 나타나는 것으로 이해할 수 있다.

구약성경에서 무상급식의 한 모습은 구약성서 열왕기하 4장 42-44절에서 그 실례를 찾아 볼 수 있다. 선지자 엘리사는 바알 살리사Baal Shalishah에서 온 사람이 가져온 처음 거둔 보리로 만든 빵 스무 덩이와 자루에 가득 담은 햇곡식을 백여 명의 사람들이 무상으로 배불리 먹고 남도록 하였다. 신약성경에서 무상급식의 형태는 예수께서 보여주신 오병이어의 기적 사건에서 찾아 볼 수 있을 것이다. 오병이어의 기적 사건은 네 복음서에 모두 기록된 사건으로 복음서 기자들이 예수께서 많은 사람들의 먹는 문제를 해결한 것에 지대한 관심을 갖고 있음을 반영하고 있다. 참조. 마14:13-21; 막6:30-44; 눅9:10-17; 요6:1-15 오병이어의 기적 사건이 발생한 동기에 대하여 예수의 동정심과 관련하여 복음서 기자는 예수께서 많은 사람들을 보시고 "불쌍히 여겼다"라고 간접적으로 알려 준다. 마14:14; 막6:34 예수께서 많은 사람들의 생존에 필요한 먹을 것을 준비하여 무상으로 공급하였다면 예수를 따르는 모든 사람들은 동일한 노력을 실제로 기울여야 할 것이다. *****(『오병이어, 예수가 베푼 무상 급식』 글과 많은 부분 중복됨) 가난에 대한 성경의 궁극적인 가르침은 무상급식이나 자선을 베푸는 것으로 만족하지 않고, 사람들이 회심하여 함께 가난을 종식시키려는 노력을 실제로 기울이는 것이다. 그 노력의 한 모습이 무상급식이 될 수 있을 것이다.

민주화된 사회 속의 교회

국제적인 인권 자유 감시단체인 '프리덤 하우스' Freedom House가 최근 발표한 '2011 언론자유 보고서'에 의하면 한국은 '언론자유국'에서 '부분적 언론자유국' partly free으로 강등됐다. 한국은 세계 언론자유도 조사 결과 196개국 중 70위를 기록한 것이다. 우리나라의 언론 자유가 1980년대 군사정권 시대 수준으로 되돌아간 것을 의미한다. 프리덤하우스가 밝힌 이유는 "정부의 검열 증가와 함께 언론매체의 뉴스와 정보콘텐츠에 대한 정부 영향력의 개입이 확대된 것"과 "최근 몇 년간 온라인상에서 삭제되는 친북 또는 반정부 시각의 글이 늘었고, 정부가 언론인들의 반대에도 대형 언론사의 고위직을 받은 이명박 대통령의 동료들과 함께 대형 방송사의 경영에 개입해 온 것"을 지적했다. 현재 이명박 대통령이 집권하면서 언론자유가 퇴보하고 민주화가 뒷걸음질 치고 있음을 실증적으로 보여준 것이다. 하지만, 한국은 박정희 군사독재정권의 혹독한 시절과 80년대의 전두환-노태우의 무자비한 군사정권을 거치는 우여곡절 속에서도 김대중-노무현 대통령으로 이어지는 정권 교체 속에서 상당히 민주화된 나라로 변화되었다.

한국 개신교는 이런 정치적 민주화 속에서 많은 변화를 함께 겪고 있는 것이 사실이다. 이런 모습은 교회의 직제와 관련하여 최근 벌어지고 있는 각종 연구 발표와 세미나를 통해서 어느 정도 감지 할 수 있다. 2011년 1월 바른교회 아카데미는 '교회의 직제론'에 대한 세미나를 개최했다. 발표자들은 로마가톨릭교회와 동방정교회, 개혁교회, 감리교회, 침례교와 회중교회의 직제에 대하여 집중 토의하였고, 그 결과에 대하여 '한국교회 직제 개선을 위한 제언'이라는 기자 간담회를 가졌다. 직제 개선을 위한 제안 중에서 한 가지는 "우리는 성경적으로나 역사적으로 교회는 개인의 임의적인 결정보다는 집단적인 협의와 합의를 통한 결정(집단지도 원리)과 각기 상황에 따라 결정하고 행하는 것보다는 이미 합의되고 세워진 규범에 따라 결정하고 행하려고(법치주의) 노력해왔다고 확인하며, 교회가 이 두 원리를 굳건히 붙들 것"을 제안하였다. 이 제안은 교회 안에서도 민주적 합의와 절차를 따라야한다는 것을 고려한 것이다.

개혁교회 네트워크가 5월 22일에 개최한 제6회 '이런 교회 다니고 싶다' 세미나는 정치적 민주화 속에서 교회를 바라보는 성도들의 시각에 많은 변화가 있음을 보여준 세미나다. 특히 주목할 것은 이 세미나 발제자의 한 사람인 최우돈 장로가 '함께 세워져가는 교회'라는 발제에서 교회의 민주적 운영을 강조한 부분이다. 최 장로는 목회자가 제왕처럼 군림하는데서 교회의 모든 문제가 비롯된다고 지적하면서 목회자와 평신도는 서로 역할만 다를 뿐 대등한 자격으로 교회를 함께 만들어가는 동역자라고 말했다. 민주화된 사회 속에서 한국 개신교 성도들이 더는 목사의 전횡과 독점적인 지위, 오만과 독선을 두고 보지 않는다는 암시이다. 예수는 좋지만 교회는 싫다는 사람이 갈수록 늘고 있는데, 그 이유 중 하나는 세상의 소금과 빛이 되어야 할 교회가 오히려 비리와 부패, 비민주적인 교회의 상황 속에서 오만과 독선으로 지탄 받는 일이 많아졌기 때문이다. 그래서 복음전도가 어려운 것은 예외로 치더라도 오히려 실망한 교인들이 교회를 등지고 있는 사태가 벌어지고 있는 것은 한국교회의 어두운 미래를 예견하는 것 같다.

16세기 종교개혁 이후 마틴 루터Martin Luther가 가르쳤고 현재까지 모든 개신교의 교회론에서 매우 중요한 교리가 된 만인제사장주의는 교회 안에서 일반성도들을 배제한 독선적인 가톨릭사제주의로부터 성경적으로 민주화된 교회의 모습을 보여주고 있다. 루터의 가르침은 베드로전서 2장 4-10절에 근거하여 가르친 교훈이다. 특히 그 중에서도 베드로전서 2장 5절, "너희도 산 돌 같이 신령한 집으로 세워지고 예수 그리스도로 말미암아 하나님이 기쁘게 받으실 신령한 제사를 드릴 거룩한 제사장이 될지니라."와 9-10절, "그러나 너희는 택하신 족속이요 왕 같은 제사장들이요 거룩한 나라요 그의 소유가 된 백성이니 이는 너희를 어두운 데서 불러내어 그의 기이한 빛에 들어가게 하신 이의 아름다운 덕을 선포하게 하려 하심이라. 너희가 전에는 백성이 아니더니 이제는 하나님의 백성이요 전에는 긍휼을 얻지 못하였더니 이제는 긍휼을 얻은 자니라."가 핵심이다.

베드로가 '왕 같은 제사장' 을 언급했을 때 가장 중요하게 고려한 것은 '그리스도인들의 공동체적 정체성' 으로 제사장으로서의 제의적 기능이다. 제사장은 신분적으로 거룩함을 유지하여야 한다. 이런 점에서 구약성서에서 제사장이 하나님 앞에서 희생의 거룩한 제사를 드리는 상황을 배경으로 모든 그리스도인들을 공동체적으로 '왕 같은 제사장'이라고 부른 것이다. 하지만, 목사 중심의 개교회個教會로 변질한 한국 교회는 실제로 만인제사장주의가 그 효력을 발휘하지 못하게 되었다. 더욱이 성도들 중에는 목사, 장로와 같은 교회 직제를 계급으로 받아들이는 이들도 많다. 최근 한국교회탐구센터가 설문조사한 350명의 직분자 중 상당수는 직분자 사이의 위계서열이 중요하다고 생각하고 있다. 이 조사에서 직분자들은 '직제는 영적질서' 83.9%이고, '명예' 60.3%이자 '서열' 55%이라고 대답했다. 하지만 직제는 단지 직무와 기능이 다를 뿐 신분이 아니다. 민주화된 한국 사회 속의 교회 일반성도들이 민주적 합의와 절차를 무시하는 교회를 언제까지 그냥 두고 볼지 의문이다.

지진과 인간의 재앙

　　　　최근 발생한 일본 대지진과 쓰나미는 우리에게 많은 교훈을 준다. 특히 쓰나미로 인하여 지진 피해지역 인근에 있는 원자력 발전소가 피해를 입고, 결국 심각한 방사능 오염이 보도되면서 사람들을 두려움 가운데 긴장하게 만들고 있다. 일본의 대지진과 쓰나미 그리고 원자력 발전소의 방사능 오염과 관련하여 인간이 만들어내는 재앙이 자연재해보다 몇 배나 더 무서운 결과를 가져온다는 사실을 실제적으로 잘 가르쳐주고 있다. 실제로 지진이나 쓰나미 같은 자연재해보다 인간이 만들어낸 재해가 얼마나 무서운 것인지 일본의 원자력 발전소의 방사능 피해를 통해서 실물 교육을 하고 있는 셈이다. 그동안 한국은 일본의 방사능 오염과 무관한 것처럼 발표했지만 결국 한국원자력안전기술원과 기상청은 서울 세종로 정부중앙청사에서 공동 기자회견을 열어 "4월 7일경에 봄철 기류 변화로 일본 후쿠시마 원전에서 유출된 방사성 물질이 직접 우리나라로 유입될 수 있다"고 밝혔다. 우리나라도 일본의 방사능 오염에서 예외가 아니라는 사실을 시인한 셈이다.

　　　　자연재해보다 무서운 것이 인간이 만들어낸 재앙이라는 사실을 생각할 때 우리나라의 원자력 발전소를 다시 생각해 보지 않을 수 없다. 현재 우리나라의 원자력 발전소는 얼마나 안전한지 지금까지 잘 알려져 있지 않았다. 최근에 정부는 원자력 발전소의 안전을 점검하고 우리나라의 경우 일본에서 문제된 원자력 발전소와 비교하여 안전하다는 결론을 내렸다. 하지만, 정말 이것을 믿는 국민들이 얼마나 될지 미지수이다. 왜냐하면 아직까지 원자력 발전소 주변의 마을에서 출생한 어린아이 가운데 기형아 출생률에 대한 보고와 기형 가축, 예를 들면 기형소나 돼지의 출생 경우가 사실대로 보고되지 않았기 때문이다. 기형아 출생률 및 기형 가축의 출생에 대하여 조사는 되었을 지라도 보도가 제대로 되고 있지 않는 상황에서 정부의 발표에 대하여 무엇을 근거로 믿어야 할지 답답하기만 하다.

일본의 대지진과 관련하여 종말론적 경고로 이해하려는 사람들이 있는데, 그 이유는 지진과 관련된 성경의 말씀이 종말론적 경고와 더불어 자주 등장하기 때문이다. 예를 들면, 마태복음 24:3-8에 기록된 내용을 보면 제자들이 예수께 "주께서 다시 오시는 때와 세상 끝 날에는 어떤 징조가 있겠습니까?"3절라고 질문한다. 예수의 대답은 여러 가지를 말씀하시면서 "여기저기서 기근과 지진이 있을 것이다."7절라고 말씀하신 후에 "그러나 이런 모든 일은 진통의 시작"8절이라고 하셨다. 이것은 지진이 종말에 대한 경고가 될 수 있기에 항상 조심해야 하지만, 그 자체가 종말의 신호는 아니라는 것이다. 이런 점에서 최근 발생한 일본 대지진과 관련하여 성경의 내용을 지나치게 문자적으로 해석하여 인류의 심판을 알리는 경고라고 이해하는 것은 조심해야 할 일이다. 왜냐하면 지진은 오늘날보다 예전에 훨씬 더 많이 발생했기 때문이며, 과거 지진에 대한 기록이 미비하고 정확한 자료가 많지 않을 뿐, 실제로는 화산 활동과 관련하여 오늘날보다도 더 많은 지진 활동이 있었음을 성경의 기록과 일반 역사

기록에서 찾아볼 수 있기 때문이다.

일본의 대지진과 관련하여 우리의 상황을 이해할 때 재앙은 자연이 주는 피해보다도 인간이 스스로 만들어낸 피해가 더욱 극심하다는 사실이다. 이런 점에서 우리는 원자력 발전소를 현재처럼 계속 늘려나가는 것이 과연 옳은 것인가를 묻지 않을 수 없다. 인간의 욕심과 무한 소비적 삶의 형태는 끊임없이 지속되고 있다는 사실을 생각할 때, 욕심의 그릇을 키울 것이 아니라 더욱 작게 만들어야 한다는 것을 알 수 있다. 인간의 쾌락과 편리함 그리고 안락함을 누리기 위하여 원자력을 의지하여 발전소를 계속 늘려나갈 때, 그 결과 초래되는 비극적 종말은 아무도 예측할 수 없다. 우리들의 욕심 그릇을 작게 만들고 비울 때 우리는 평안을 누리며 오히려 안락한 삶을 살 수 있을 것이다. 욕심 그릇이 작을수록 자유롭다는 말을 다시 생각하게 만든다.

무한정의 소비 지향적인 삶을 버리며 소박한 삶을 시작할 때 아닌가 생각한다. 인간이 때때로 자연 재해를 맞이하여 황폐한 삶의 정황을 맞이하기도 하지만, 인간이 만들어낸 폐해는 자연재해보다 훨씬 더 크다는 사실을 기억해야 할 것이다. 이런 점에서 각 개인의 삶에서 에너지 절약을 생활화하고 소모적인 삶에서 탈피해야 할 것이다. 그러려면 삶은 피곤해지고 답답하며 힘들어 질 수 있을 것이다. 하지만, 이것이 인류가 함께 공존하는 길이며 상생하는 길이라면 기꺼이 우리는 이런 삶을 택할 수밖에 없다. 원자력 발전소를 늘려나가고 개발하는 일보다 안전을 추구하며 인간이 스스로 멸망의 길을 자초하지 않아야 할 것이다.

이제는 원자력 발전소를 지양하고 대체

에너지를 개발해야 할 때가 됐다. 모든 개인은 자원 낭비를 줄이며 에너지를 귀중하게 사용해야 할 것이다. 지진이나 쓰나미 같은 재앙보다 무서운 것이 인간이 창출한 재앙임을 일본 원자력 발전소의 방사능 오염을 통해서 배울 수 있다. 그리스도인으로서 에너지를 절약하여 사용하며 필요 이상의 안락함과 편안함을 누리기 위하여 위험을 감수하는 일은 하지 말아야 할 것이다. 자연 재해보다 무서운 것이 인간이 만들어내는 재앙임을 기억하여 원자력 발전소의 위험을 바로 보고 이런 위험을 사전에 막을 수 있도록 노력해야 할 것이다. 편리함과 안락함을 위하여 위험을 감수하기 보다는 미래 세대를 위하여 고난과 불편함을 감내하는 지혜로운 삶이 그 어느 때 보다 절실하게 요구되는 때이다.

말 못하는 피조물들의 신음 소리

구제역으로 인하여 많은 소와 돼지를 살처분하고 있는 현재의 암울한 상황은 이명박 정권의 능력을 의심할 수밖에 없다. 경북 안동에서 2010년 11월 23일에 최초로 구제역 의심 신고를 한 이후 대통령이 구제역 발생 50일 만에 구제역 방제 현장을 찾은 2011년 1월 16일까지 살처분한 소와 돼지의 숫자는 188만 마리로 폭증했다. 구제역으로 살처분한 소와 돼지의 숫자가 축산업 붕괴의 마지노선으로 여겨져 온 200만 마리에 육박하며 축산농들을 벼랑 끝으로 몰아넣고 있다. 축산업 붕괴의 위기가 현실화됐음에도 불구하고 권력의 핵심들은 구제역에 대해 안이한 인식을 하고 있는 것만 같다.

말 못하는 동물이지만 살아있는 소와 돼지들이 살려고 발버둥치는 데도 사람들은 구제역 예방이라는 규정 때문에 멀쩡한 소와 돼지를 땅 속으로 밀어 넣어 생매장하고 있는 현실이다. 이게 과연 사람이 할 짓인가? 이제 막 태어난 돼지새끼들을 어미돼지와 함께 무차별 살처분하는 것이 정부가 할 수 있는 최선의 대책인가? 살처분이 아니라 백신예방 접종은 해결책이 아닌가? 구제역 살처분 초기 때부터 시민사회단체들이 유럽연합EU 등 선진국들은 무차별 살처분을 하지 않고 있음을 강조하며 살처분 중단을 촉구했지만 정부는 그 목소리를 묵살했다. 축산업 붕괴 위기와 함께 살처분 보상과 백신접종, 방역작업 등에 투입된 재정이 거의 2조원에 이른 상태다. 이 정부가 끝이 보이지 않는 일을 하고 있는 듯하다.

어미돼지와 이제 막 태어난 새끼돼지들을 함께 살처분하는 현장은 차마 눈뜨고 볼 수 없는 장면이었다. 이제 갓 태어난 새끼돼지들은 생애 처음으로 흙을 밟아보는 기쁨에 들떴겠지만 그것도 잠시 뿐이었다. 개보다 후각이 100배나 발달한 돼지들이 악취 가득한 돼지우리에서 빠져나와 상쾌한 바깥 공기를 접하는 것만으로도 행복 그 자체였을 것이었다. 하지만, 그것은 순식간에 스쳐 지나가는 환희였다. 어미돼지와 함께 새끼돼지들은 구덩이 속으로 우르르 내몰렸다. 어미돼지와 새끼돼지들 머리 위를 포클레인이 사정없이 내리쳤다. 순간 돼지들의 신음은 비명으로 바뀌며 귀청을 찢었다. 이것이 살처분 현장의 장면이었다.

이런 살처분 현장에서 일하는 사람들의 고통이 전해지고 있다. 이들은 돼지들의 신음소리와 소 울음소리의 환청에 시달리고 있다는 소식이다. 구제역 방역을 하고 있는 수의사 한 사람은 소 울음소리와 돼지의 비명 소리가 계속 귓속에 들려 잠을 잘 수 없을 정도이며, 잠을 자면 돼지들과 소떼에게 쫓기는 꿈을 꾼다고 말한다. 한국동물보호연합 이원복 대표는 돼지들이 지르는 비명소리에 보름이나 환청에 시달렸다고 한다.

구약성서에서 하나님은 이스라엘 백성들에게 "너는 염소 새끼를 그 어미의 젖으로 삶지 말지니라"출23:19고 가르진다. 말 못하는 동물이지만 생명을 존중해야 하며 인도적으로 다루라는 사상을 교훈하는 말씀이다. 하지만, 구제역 살처분 현장에선

"동물을 죽이더라도 고통을 최소화해야 한다."는 동물보호법이 제대로 지켜지지 않고 있다는 주장이다. 단기간에 100만 마리 이상의 가축을 살처분해야 하는 전대미문의 사건 현장에서 모든 동물을 안락사시킬 여유가 없는 것은 어쩌면 당연한 일인지 모르겠다. 하지만, 비록 인간의 먹거리가 될 식용 동물의 삶일지라도 최소한의 편의를 제공하고, 고통을 최대한 줄여줘야 한다는 인도적인 사상이 기본 원칙일 것이다.

우리나라에선 가축의 사육, 운송, 도축 등 전 생애에 걸쳐 동물복지가 외면당하고 있는 실정이다. 동물복지의 주창자들이 가장 안타깝게 생각하는 것은 지나치게 비좁은 사육 공간이다. 겨우 일어서서 먹이를 먹고 누울 수 있는 공간에서 암돼지가 새끼들에게 젖을 먹이는 장면은 보기에도 애처롭다. 이렇게 좁은 공간에서 동물들이 할 수 있는 일은 별로 없다. 돼지의 경우 자동 급여되는 사료를 먹고 축사 한 귀퉁이에 마련된 배설 장소로 이동해 용변을 본 뒤 돌아와 바닥에 엎드려 잠을 자는 것이 거의 전부다. 이런 단조로운 생활로 스트레스를 받은 동물은 대개 높은 공격성을 보이고 있다. 밀폐된 좁은 축사 내 공기 오염과 스트레스는 동물을 각종 질병에 취약하게 만들고, 면역성을 떨어뜨려서 구제역 등 동물 전염병의 전파 속도도 빨라진다는 것이다.

구제역은 어쩌면 인간이 일차 원인이 되는 가축 전염병일지 모르겠다. 단기간에 육용 동물들을 밀폐된 공간에서 사육하여 경제적 이득을 극대화하려는 사람들의 욕심이 수많은 소와 돼지들을 산채로 죽음으로 몰아낸 결과 일 수 있기 때문이다. A4 용지 한 장 크기의 배터리 케이지에선 암탉 두 마리가 평생 알만

낳는다는 보고이다. 이렇게 밀폐된 공간에서 키우는 닭이 조류 인플루엔자에 걸리면 집단 폐사하지만, 야생 철새가 조류 인플루엔자에 감염되어 떼죽음을 당하는 일은 거의 없다는 한국동물복지협회 조희경 상임대표의 설명은 상당히 설득력이 있다.

구제역과 살처분되는 동물들의 상황은 우리 그리스도인들과 아무 상관이 없는 일일까? 구제역으로 인한 피해가 너무 엄청나서 경제 성장에도 마이너스 요인으로 작용할 것이라는 관측만이 우리의 관심사일까? 성경을 알고 그 말씀을 조금이라고 묵상하며 생각하는 사람이라면 그렇게 생각할 수는 없다. 생명을 창조하신 하나님께서 인간들에게 동물을 먹거리로 주셨지만, 그 동물들의 생명도 귀중한 것임을 성경은 분명히 가르치기 때문이다. "너는 염소 새끼를 그 어미의 젖으로 삶지 말지니라."출34:26

참고서적

김영봉, 『사귐의 기도』, 서울: 한국기독학생회(IVP)출판부, 2002.

김용철, 『삼성을 생각한다』, 서울: (주)사회평론, 2010.

법 정, 『무소유』, 서울: 범우사, 1976.

손낙구, 『부동산 계급사회』, 서울: 후마니타스, 2008.

신광은, 『메가처치 논박』, 서울: 도서출판 정연, 2009.

이계선, 『대형교회가 망해야 한국교회가 산다』 서울: 들소리, 2009.

이원규, 『힘내라 한국교회』, 서울: 동연, 2009.

전강수, 『부동산 투기의 종말』, 서울: 시대의 창, 2010.

카슨(D.A. Carson), 『교회와 문화, 그 위태로운 관계』*Christ and Culture Revisited*, 서울: 국제제자훈련원, 2009.

발레리 줄레조, 『아파트공화국』, 서울: 후마니타스, 2007.

리처드 니버, 『그리스도와 문화』, 서울: 한국기독학생회(IVP)출판부, 2007.

슈마허, 『작은 것이 아름답다』, 서울: 전망사, 1980.

짐 월리스, 『회심』, 서울: 한국기독학생회(IVP)출판부, 2008.

슈테판 츠바이크, 『다른 의견을 가질 권리』, 서울: 바오출판사, 2009.